本书出版得到武汉大学经济与管理学院理论经济学"双一流"学科建设、武汉大学两型社会研究院、武汉大学人口.资源.环境经济研究中心、教育部人文社会科学规划基金项目"创新集群中组织间初次知识合作共享的信任研究"（项目号：15YJA630041）资助

湖北省经济结构调整中的劳动力状态研究

魏珊　何心宸　张晓晴　著

图书在版编目(CIP)数据

湖北省经济结构调整中的劳动力状态研究/魏珊,何心宸,张晓晴著.—武汉:武汉大学出版社,2018.6
ISBN 978-7-307-20321-1

Ⅰ.湖… Ⅱ.①魏… ②何… ③张… Ⅲ.区域经济—经济结构调整—关系—人力资本—研究—湖北 Ⅳ.F249.276.3

中国版本图书馆 CIP 数据核字(2018)第 143386 号

责任编辑:唐 伟　　责任校对:李孟潇　　版式设计:汪冰滢

出版发行:武汉大学出版社　(430072　武昌　珞珈山)
（电子邮件:cbs22@whu.edu.cn　网址:www.wdp.com.cn）
印刷:北京虎彩文化传播有限公司
开本:720×1000　1/16　印张:13.25　字数:189 千字　插页:1
版次:2018 年 6 月第 1 版　　2018 年 6 月第 1 次印刷
ISBN 978-7-307-20321-1　　定价:39.00 元

版权所有,不得翻印;凡购我社的图书,如有质量问题,请与当地图书销售部门联系调换。

序言：湖北省经济结构调整中的
劳动力结构转型

一、中国经济结构的调整与升级一直在进行中

自中华人民共和国成立以来，中国在经济增长领域取得了非常大的进步，尤其是改革开放后，GDP 更是以每年 10%~15% 的速度快速增长，在 1994 年 GDP 增长速度高至 14%。尽管站在今天的角度来看这种经济增长进程好像理所当然，但是在当时看来，无论是决策者还是生活在其中的人们，无不是对未来充满着强烈的不确定性。国际上也不时传出"中国崩溃论"的言论。例如，在 20 世纪 80 年代，中国从 1949 年的 4 亿多人口，增长到了 10 亿人口。在人口增加而土地面积并没有大幅度增加的状态下，如何用有限的资源养活规模庞大的中国人，就是一个巨大的难题。然而当时，中国通过联产承包责任制等农业领域的改革，鼓励乡镇企业大发展等措施，迅速把农业领域的剩余人口往工业领域引导，既盘活了农业，也发展了工业，国家从以农业为主的经济结构转换成了以工业为主的经济结构。这种结构上的转型，不仅解决了中国人吃的问题，并且把经济增长的内涵，从吃的方面向穿的方面过渡。由此可见，经济结构转型始终贯穿于中国经济增长的过程之中。

从中国经济增长的历程上进行考察，可以更加清晰地看出，中国经济结构转型促进经济增长是自始至终都存在的客观事实。经济结构转型是促进经济增长的内在动力。正是因为经济结构转型，中国经济增长克

服了一个又一个困难,从初级状态向更高级状态演化,也逐步消除了国际上各种"中国崩溃论"的论调。每一次中国经济结构转型的实施,都促进了经济的增长。回顾改革开放以来中国经济增长的历程,中国经济结构转型大致经历了如下环节:

1. 从以农业为主导的经济增长向以轻工业为主导的经济增长的经济结构转型

这个时期大致发生在1978—1993年。自从1978年改革开放以后,中国实施了家庭联产承包责任制的农业改革,这一制度是在农业领域显现出了比较大的困难的背景下开始实施的。在1978年之前,中国的经济结构中农业在国民经济中是绝对的支柱产业,1978年农业占国民经济的比重是27.7%。农业人口占从业人口的比重为70.5%。由于农业相对于工业生产效率低下,尽管农业人口众多,有7.9亿人口,但是国民经济的总量只有3678.7亿元。大量的农业劳动力被束缚在土地上,形成了隐形失业。此外,由于农业产出不高,社会上物资极端稀缺,为了满足社会的需求,产品分配上的很多领域都是凭借布票、粮票、油票等票据计划供应。1978年底,国家把建设的重心转移到经济建设上来时,提出的第一个目标是解决人民的温饱问题,也就是吃的问题。

1978年底开始实施的家庭联产承包责任制,解放了农业的生产力,农业剩余人口从过去的隐形状态,开始向显性状态变化。在农业领域,因为土地制度的变革、生产积极性的提高,也开始出现了农产品剩余。农业第一次依靠自己的努力解决了中国人的温饱问题。农业生产效率的提高也意味着中国以农业为主导的经济增长取得了巨大的成就。1978—1985年短短7年时间,中国GDP的增长速度从1978年的13.19%,增长到1985年的25.01%。但是农产品的剩余和农村隐形失业人口向显性转变,造成了严重的就业问题,成为社会主要矛盾之一。

单纯在农业领域内部无法解决经济增长的瓶颈问题。以农业为主导的经济结构面临着转型问题。由此,国家开始了改革开放以来的第一次经济转型过程,放宽了农业劳动力流动的限制,并且大力发展乡镇企业。乡镇企业的大发展消化吸收了农业领域的剩余产品,并且吸收了农业领域流出的过剩劳动力。中国的轻工业开始发展起来了，乡镇企业所生产的鞋袜等各种日常消费品，满足了人们对于衣物的基础需求。轻工业领域投资少，但是机器生产的效率明显比农业领域的生产效率要高。中国的轻工业产出开始逐步上升，成为中国经济增长的重要增量因素。比较中国经济产出的比重变化，1979年农业的比重是30.7%，轻工业的比重是19.1%；到了1993年农业的比重是19.3%，轻工业的比重是24.1%。此时轻工业发展已经成为经济增长的核心力量。

中国经济的第一次结构调整中，经济增长从以农业为主导的经济结构态势，演变成了以轻工业为主导的经济结构态势。

2. 从以轻工业为主导的经济增长向以加工业为主导的经济增长的经济结构转型

这个时期主要发生在1993—2001年。在1993年之后，随着乡镇企业大发展，其弊端也开始显露出来。乡镇企业规模小、结构简单，村村冒烟、户户冒火的乡村工业中的非集聚性造成了资源的浪费和环境的污染。普遍乡村工业化的非规模经济也使得乡镇企业产品之间出现了趋同效应，进而导致了企业效益的下降。与此同时，随着沿海地区加工业的规模发展，以及珠三角、长三角地区依托外贸的加工业的发展，其经济性、规模性、产业聚集性的优势很快体现出来。与这种大工业相比，乡镇企业的产品没有竞争力，乡镇企业开始衰落。离土不离乡的劳动力转移模式开始向离土又离乡的模式转移。在乡镇企业没落之后，以轻工业为主导的经济增长模式，开始向以加工业为主导的经济模式转变。在1993年前后，劳动力的大规模流动形成了"民工潮"，劳动力开始从本地转移向异地转移变化。

1993—2001年中国经济增长主要是加工业的增长引发的。从1993年到2001年，加工业的经济占比由31.4%上涨到33%，而农业的比重由19.3%下降到14%。加工业的发展，满足了中国居民对于轻工产品的需求，解决了大量农业剩余劳动力的就业问题。

然而，加工业快速发展的同时，中国国内的市场无法容纳加工业的产能，经济增长的瓶颈又出现了。机器大工业生产产能远远超过市场容

3

量的局面成为中国当时经济增长的最大障碍。

3. 从以加工业为主导的增长模式向以制造业为主导的增长模式的经济结构转型

这个时期大致发生在2001—2008年。2001年加工业生产能力的过剩导致了中国经济增长的瓶颈。2001年11月10日，世界贸易组织第四届部长级会议审议通过了中国加入世界贸易组织的申请。中国将从12月11日起正式成为世界贸易组织成员。中国加入世界贸易组织是中国经济发展中的一个重大事件。过去中国发展主要是满足国内的衣食住行的需求，加入世界贸易组织之后，中国的生产将面向全世界，世界的需求就是中国生产的动力。在这种背景下，中国很快成为"世界工厂"。中国向世界提供大量的工业品，包括劳动密集型产品和各种包含了一定技术含量的机电产品。中国在向世界输出商品的同时，也建成了产业链条完整、结构完备的工业化生产体系。

在此期间，中国的工业产值从2001年占国民经济的39.6%，演变到2008年占国民经济的41.2%。制造业在国民经济中占据了绝对主导的地位。2001—2008年中国的经济增长主要是制造业的发展引发的，但是这种状态在2008年之后出现了危机。这个危机是由美国"次贷危机"引发的。由于美国"次贷危机"的发生，中国的主要出口国家，诸如欧盟国家和美国的需求都呈现出下滑的状态，这导致了中国制造业需求的严重下滑。大量中国外贸出口企业开始由于需求不振而经营困难。中国经济增长的新的瓶颈出现了。

4. 从以制造业为主导向以重化工业为主导的经济结构转型

这个时期从2008年开始，一直在持续中。2008年，美国发生"次贷危机"，购买力下降，中国外贸出口出现了困难。但是中国国内的衣食住行中，特别是住和行的需求并没有彻底解决。住的问题是住房问题，行的问题是交通问题，这些需要重工业和化工业的大力发展才可以解决。为此，中国实施了四万亿元投资计划，力图通过国家大规模基础设施的投资，特别是铁路系统、公路系统的改造，为中国国内没有满足的消费需求服务。四万亿元投资计划的实施，使得中国的钢铁、建材、化工品等各行各业都出现了大发展的态势，最终需求反映在房地产行业、汽车行业、城市基础设施行业上，这些行业的现代化进程出现了焕然一新的局面。家庭的汽车拥有量、住房情况也出现了显著的改善。

这个期间，中国的经济增长，主要是以汽车产业、房地产产业的增长为主导。在2008年，中国汽车的每千人保有量为5.61辆，到了2016年，中国汽车的每千人保有量为10.72辆。从产值的角度来看，2008年，中国汽车产业的产值占国民经济的比重为3.25%，到了2016年，中国汽车产业的产值占国民经济的比重为4.13%；2008年房地产产业的产值占国民经济的比重为4.61%，到了2016年，房地产产业产值占国民经济的比重为6.05%，这些重化工业产业的增长速度远远超过GDP的增长速度。

从上述分析可以看出，2008年至今，中国经济其实是从过去以制造业为主导的经济状态向以重化工业为主导的经济状态转型的。2008年到2017年接近10年的时间，中国重化工业主导的经济增长速度是异常迅猛的。这10年的经济增长速度年均达到了12.01%。这样快速的经济增长在带给人民福祉的同时，也为国民经济各个投入环节带来了投入压力。

如果由于中国经济在重化工业的增长遇到瓶颈，就简单判断中国经济丧失了潜力，这个论点就没有从深层次分析中国经济的弹性和韧性。事实上，中国经济的发展过程一直是伴随着中国经济结构的调整过程的。经济增长在调整中发展，在发展中调整，由此不断从低级到高级，从简单到复杂，从国内走向世界。

二、历史路径依赖下的中国经济结构转型方向

从上述中国经济增长过程中转型的逻辑来看，经济增长过程中的经济结构转型具有如下特点：

（1）中国经济结构的转型其实伴随于中国经济增长的全过程，是一个动态和持续的过程。它不是一个阶段内发生、阶段内停止的事情，

转型的内容一直在持续进行。可以预计，随着时间的推移，未来中国的经济增长必然伴随着中国经济转型的持续进行而迈上一个新的台阶。

（2）每次中国经济结构的转型，都促使中国经济的增长上了一个台阶。从农业向轻工业转型，从轻工业向加工业转型，从加工业向制造业转型，从制造业向重化工业转型，这些转型的每个阶段都促进了中国GDP本身的增长，最终结果是使得中国变成了世界上的第二大经济体。

（3）中国经济转型是全要素生产率的转型。每次转型过程进入新的阶段之后，原有的产业并没有萎缩和消失，而是最终被新的主导产业对原有产业在技术上进行了改进和改造。原有产业的劳动生产率提高了，原有产业的产出更多了。例如在中国由以农业为主导的经济增长转向以轻工业为主导的产业转型之后，发展起来的轻工业为农业提供了各种轻型机械，事实上提高了农业的劳动生产效率，增加了农业的产出。当以重工业为主导的经济增长取代了以轻工业为主导的经济增长时，重工业的各种重型机械在农业和轻工业中的运用，也提高了农业和轻工业的产值。

（4）中国经济增长与特定时期人们需求上的变化是相适应的。简单来说，中国经济增长过程是与解决人民的"衣、食、住、行"的需求相联系的。随着1978年改革开放，中国农业联产承包责任制释放出农业的生产效率，解决了人民吃的问题之后，穿衣的问题就列入了经济增长的日程。此时，必须把发展轻工业放在核心的位置上。在轻工业解决了人民穿的问题之后，解决住和行的问题就是中国经济增长的首选项。要出门有车、回家有房子住就必须发展重化工业。而事实上，中国经济的增长也是按照这个逻辑在进行。当车子问题和房子问题基本解决了，重化工业的发展就遇到瓶颈了。

从上述分析来看，中国经济增长解决了"衣、食、住、行"的问题之后，不就没有新的增长点了吗？这种说法是违背马斯洛需求层次理论的。马斯洛的需求层次理论说，人除了基本的需求——衣、食、住、行的需求外，还有享受和自我实现的需求。在这个方面，尽管中国经济增长实现了中国人基本需求的满足，但是中国经济显而易见还是有需求没有解决的,即享受和自我实现的需求并没有完成,而这恰恰是中国经济新的增长点。

所谓享受和自我实现的需求,包括两类需求:

第一类,简单来说就是玩的需求。它包括:文化、电影、体育、医疗、教育、旅游、通信、休闲等产业。依照中国经济增长满足需求的逻辑演绎,中国经济转型的必然过程是满足人们享受和自我实现的需求,而向这些方向转型可以实现满足经济增长的目的。也就是说,打破中国经济的瓶颈依赖于经济从以重化工业为主导转移到以文化、电影、体育、医疗、教育、旅游、通信、休闲产业为主体的现代服务业为主导。同时,现代服务业中的发达的信息流通将对传统的各个产业进行信息化改造。这种相得益彰的过程、相互促进的结果可以促进中国经济增长向更高层次演进。

第二类,就是自我实现的需求。它包括人们在生存需求基础上的求精需求,即在满足基本食物需求的基础上,人们对安全、健康、精品食物的需求;在满足了基本衣服需求的基础上,对品牌服饰的需求;在满足了基本住房需求之后,对豪宅、别墅的需求;在满足了出行有车的基础上,开更加舒适性能车的需求。而这些需求依赖于对农业、轻工业和重化工业的信息化改造。这个改造过程,本身也是经济增长的一个环节。

简单来说,顺着中国经济增长和中国经济结构转型的逻辑,中国未来经济结构转型的路径包括两个方面,一个方面,是以文化、电影、体育、医疗、教育、旅游、通信、休闲产业为主体的现代服务业的大力发展方向。另一个方面,是利用现代网络技术、以 3D 打印技术和工业 4.0 为核心的现代制造业的大力发展方向。

三、经济结构转型和劳动力结构转型的关系

基于以上分析,我们可以看出,中国经济增长的弹性和韧性是十足的。中国未来还有很多的需求尚待解决,而这些依赖于经济结构的转

型。简单来说，中国经济转型的方向，就是以现代服务业为主体的"玩"的产业的大发展，以及对原有产业的升级换代。在这个大方向下，中国的文化、电影、体育、医疗、教育、旅游、通信、休闲产业，以及精加工产业都有很大的发展空间，对于这些产业的大力扶持，将事实上促进中国经济结构的转型，也会让中国经济的增长重新上一个新的台阶。也就是说，中国经济增长的前景是非常乐观的，任何中国经济崩溃论在逻辑上都是不成立的。

此外，以文化、电影、体育、医疗、教育、旅游、通信、休闲产业为核心的现代服务业的发展，以及自我实现的需求本身都不是一次性消费的过程，因此它对经济增长的影响将是持续的。例如在旅游方面，中国的人文、历史资源丰富，旅游业就是一个源源不断的经济增长的源头。而全国各地节假日人山人海的情景就是中国经济增长潜力的真实体现。从这个角度来讲，中国经济增长的上限其实是不存在的。

中国经济增长的潜力无限，但是中国经济服务的内容发生了改变。这种改变使得社会经济的各个层面都必须做出相应的调整，反映在劳动力结构上，劳动力结构也必须进行符合经济发展方向的对应调整，才可以满足经济增长对劳动力的需求。

从历史上看，中国经济结构的不断升级调整过程和劳动力结构的升级调整过程是相互耦合的。

（1）在20世纪80年代，联产承包责任制的实施，引发了中国农业的大发展和农业劳动生产率提高。由于农业劳动生产率提高，形成了大量的农业劳动力剩余人口，也产生了大量农业剩余产品。农业剩余产品的出现，为轻工业的发展提供了机遇。全国乡镇企业的大发展一方面吸纳了农业剩余产品，另一方面也吸纳了当时的农业剩余人口，解决了农业剩余人口的就地就业问题。从以农业为主体向以轻工业为主体的经济结构转型过程中，也形成了农业单一人口向轻工业的分流和转型。

（2）在20世纪90年代，随着沿海加工业和制造业的发展，在轻工业出现国内市场饱和而无法进一步提升的情况下，沿海加工业和制造业的发展改变了轻工业无法拉动经济增长的困境。随着经济发展从轻工业向制造业转型。劳动力开始从乡镇企业释放出来,在沿海各地的大型制造业企业中实现大规模集约化就业过程。经济结构的调整变化,引发了劳动力结构向制造业就业方向的转化。

(3) 在2001年加入世界贸易组织之后,中国面向世界提供产品,经济增长从加工业向制造业和重化工业转型的过程中,中国劳动力也顺着这个路径开始往制造业和重化工业转型。

由此可以看出,中国经济增长过程中,结构转型一直随着时间的推移在不断进行,而劳动力结构也在随着经济增长中结构的转型不停进行。

当然,劳动力结构的转型也不是被动的。在经济结构转型的过程中,在部门沉淀的过程中,劳动力本身的素质也在干中学的过程中得到了提升。例如,在农业向轻工业转移的过程中,长期从事农业劳动的人口开始在乡镇企业中就业,在与乡镇企业结合的过程中,这些过去从事农业生产的劳动人口,他们的见识、阅历和能力都得到了开拓,成为视野宽、能力强和见识广的劳动力。这种具有人力资本的劳动人口,成为新兴产业不可缺少的宝贵人才,为产业结构升级提供了后备的人才库。

四、本书的目的和任务

从以上分析中,我们可以看出当前中国经济发展和产业结构升级的主要方向就是满足"吃、穿、用、住、行"需求本身的升级以及满足人的更高层次的享受和自我实现的需求。要实现这些需求,中国需要从过去的以制造业为核心的产业结构转移到以消费服务业为核心的产业结构中去。产业结构的调整必然伴随着中国劳动力结构对应的转型,中国的劳动力结构需要从以制造业为核心配置转移到以服务业为核心配置。

作为中国中部人口大省,伴随着中国经济产业结构的转型和升级,湖北省的劳动力结构上的转型和升级过程将同步进行,不依赖于人的个人主观偏好。截至2016年年末,湖北省常住人口5885万人,较上一年增加33万人。同2010年第六次人口普查的5723.77万人相比,六年共增加 161.23 万人，增长 2.82%，年平均增长率为 0.47%。其中，全省 15~64 岁人口为 4326 万人，占总人口的 73.93%。同 2010 年第六次全国人口普查相比，15~64 岁人口比重下降 3.07 个百分点。

与产业结构的调整和升级相适应，湖北省的劳动力在产业结构、行业构成、地区结构和城乡结构上都在发生着深刻的变化。对这种变化进行研究，将有利于政策制定者制定出科学合理的有针对性的政策，对劳动力结构的宏观运动进行有前瞻性的有意识引导，从而快速满足经济结构调整的需求，为经济增长的目标服务。

本研究基于这一目的，确立了研究的主题，即分析劳动力结构的现状及其变动趋势，探究劳动力结构变动与经济结构变动中的矛盾和冲突，分析劳动力结构在经济结构调整大环境中的潜在优势和有利条件，因势利导，寻找出通过劳动力结构的调整进而实现湖北省经济结构调整和产业结构转型的可行路径，为经济建设提供我们的智力思考。

本书各个章节的撰写者来自武汉大学经济与管理学院人口．资源．环境经济研究中心、武汉大学两型社会研究院、武汉大学经济研究所、武汉科技大学资源与环境工程学院。本书得到武汉大学经济与管理学院理论经济学"双一流"学科建设、武汉大学两型社会研究院、武汉大学人口．资源．环境经济研究中心教育部人文社科基金（"创新集群中组织间初次知识合作共享的信任研究"）支持。各个章节的具体写作人员为：魏珊、张晓晴（第一章），吴华君、韦锦辉（第二章），冯英杰、付晨玉（第三章），杜晓桐、袁安（第四章），吴珊珊、范学谦（第五章），何心宸、张兆为（第六章），晏兴红、程燕（第七章），祝翔、罗长福（第八章），覃艳丽、张晶鑫（第九章）。

对于湖北省经济结构调整中的劳动力结构调整问题研究，本书所做的研究只能是一个抛砖引玉的过程，错误和缺点在所难免，希望获得各位专家和学者的批评与指正。

魏　珊
武汉大学枫园

目 录

第一章 湖北省劳动力状态形势的变化分析 ········· 1
  一、问题的提出 ········· 1
  二、劳动力态势的变化与经济结构调整的关系分析 ········· 3
  三、湖北省劳动力特征变化态势分析 ········· 6
  四、湖北省劳动力态势上面临的问题和挑战 ········· 17
  五、经济结构调整中湖北省劳动力态势调整的政策措施 ········· 18

第二章 湖北省劳动力在产业结构上的变动分析 ········· 26
  一、引言 ········· 26
  二、湖北省及各州市产业结构分析 ········· 27
  三、湖北省及各州市劳动力就业结构分析 ········· 32
  四、湖北省劳动力就业结构和产业结构协调性分析 ········· 35
  五、政策建议和对策 ········· 43

第三章 湖北省劳动力在空间地域上的变动分析 ········· 48
  一、提出问题 ········· 48
  二、湖北省劳动者空间地域流动动因的因素分析 ········· 52
  三、湖北省劳动力地域流动的实证分析 ········· 58
  四、研究结论及对策建议 ········· 69

第四章　湖北省城镇老年人口就业与经济结构转型 …………… 72
  一、引言 ……………………………………………………… 72
  二、老年人口再就业与经济结构转型 ……………………… 76
  三、湖北省城镇老年人口再就业的状态及其趋势的验证分析 … 78
  四、湖北省城镇老年人口再就业面临问题和挑战 ………… 82
  五、老年人口再就业的政策建议和对策措施 ……………… 85

第五章　湖北省进城务工人员就业与经济结构转型 …………… 91
  一、提出问题 ………………………………………………… 91
  二、数据来源及说明 ………………………………………… 93
  三、结构调整下湖北省进城务工人员特征的变化趋势 …… 94
  四、湖北省外出进城务工人员面临的主要问题 …………… 102
  五、政策建议和对策 ………………………………………… 106

第六章　湖北省城市现代服务业就业与经济结构转型 ………… 114
  一、现代服务业含义及其对经济结构调整的意义 ………… 114
  二、现代服务业统计数据范围的确定 ……………………… 117
  三、湖北省城市现代服务业就业的基本状态 ……………… 119
  四、湖北省现代服务业面临的问题 ………………………… 123
  五、关于湖北省现代服务业发展的政策建议 ……………… 126

第七章　湖北省现代制造业就业与经济结构转型 ……………… 134
  一、现代制造业的概念、研究意义及特征 ………………… 134
  二、本研究的对象和范围选择 ……………………………… 137
  三、湖北省现代制造业就业发展状况——以武汉市为例 … 140
  四、武汉市现代制造业存在的缺陷和机遇 ………………… 143
  五、政策建议和对策 ………………………………………… 147

第八章　湖北省女性就业与经济结构转型 ········· 155
　一、问题的提出 ········· 155
　二、研究对象和数据说明 ········· 157
　三、湖北省女性劳动力就业特征分析 ········· 158
　四、湖北省女性就业面临的主要问题 ········· 164
　五、结论与建议 ········· 167

第九章　湖北省大学生就业与经济结构转型 ········· 172
　一、问题的提出 ········· 172
　二、经济结构转型与大学生就业的关系 ········· 173
　三、湖北省大学生就业的特征分析 ········· 177
　四、湖北省大学生就业存在的主要问题 ········· 186
　五、基于经济结构转型背景下改善湖北省大学生就业的政策建议 ········· 192

第一章　湖北省劳动力状态形势的变化分析

一、问题的提出

无论是在古典经济学体系，还是在新古典经济学体系中，劳动力数量的投入都是推动经济增长必不可少的动力。改革开放30年来，中国的经济增长取得了长足的进步，在相当多的年份内保持着两位数的经济增长，实现了年均近10%的高速增长，经济规模在世界各国当中的排名上升到了第二位，占全球经济总量的比重达到10.5%。在这个经济增长过程中，不能忽略中国改革开放释放出的剩余农业劳动人口源源不断地为经济系统提供着劳动力供给的动力，正是这个动力推动着中国经济的增长。

单纯考察劳动力，它作为一个投入要素，受到人口总量、人口增长率以及资源和环境的约束。一方面，劳动力要素并不可能在相当长的年份内持续不断地大量投入，另一方面，即使存在长期劳动力要素大量投入，劳动力要素也会受到要素边际效应递减规律的影响而最终表现为要素投入效率的低下，从而使得劳动力对经济增长的贡献减弱。

事实上，中国经济增长中在劳动力要素上的两个瓶颈问题正开始显现出来，即人口增长的供给约束和劳动力要素报酬约束。

在劳动力供给约束方面，中国的劳动力供给呈现下降的趋势。自1980年开始实施计划生育政策后，中国人口的数量和结构都发生了翻天覆地的变化，人口出生率从1980年的18.21‰下降到了2016年的5.86‰。中国人口增长类型从高增长、高死亡，转变为低增长、低死亡。人口结构类型的变化使得新增劳动力供给处于持续下降的状态，同时由于预期寿命的提高，老龄劳动力的数量比重相对较高。这引发了中国经济增长中可供投入的劳动力不足，一个重要表现就是每年年初在"长三角"地区和"珠三角"地区用工高峰期时，出现明显的"民工荒"和"用工荒"的局面，并且这种"民工荒"和"用工荒"在向中西部用工单位扩散，表现为一个普遍性现象。也就是说，在中国经济增长中，过去趋近于无穷供给的劳动力供给开始变得稀缺了。

在劳动力要素投入效率方面，劳动力投入的边际效率也呈现下降的局面。随着经济增长，中国也从一个资本相对稀缺的国家变成了一个资本相对过剩的国家，从依赖于外资投入的国家变成了具有对外投资能力的国家。资本的充足性使得中国从资本稀缺、依赖于劳动密集型产业的国家，变成了劳动密集型产业和资本密集型产业相互促进的国家。过去在生产时，只能依靠劳动的投入，而现在通过资本可以实现对劳动的替代。技术密集型产业的高效率，引发了劳动者边际效率的相对下降。

劳动力要素的两个瓶颈现在已经成为推动中国经济增长的一个挑战。当前国家也在采取一些措施来解决这两个问题，例如，为了解决中国劳动力投入的潜力问题，国家在2015年出台了单独子女可以生二胎的政策，到2016年，"单独二孩"政策改变为面向所有合乎条件的居民的"全面二孩"政策。但是从这些政策出台，到这些新增人口最终成为现实劳动力至少是15年之后的事情了，尽管在长期看来是有效的，但是在短期内对现实的劳动力供给无法产生实质性的影响。

因此，立足于中国当前现状的劳动力态势，分析中国劳动力态势中面临的困境和挑战，并最终寻找到短期内能够解决这些问题的对策和方法更加具有现实意义。本研究将顺着这种思路，立足于湖北，着重分析在当前经济结构变动过程中，劳动力与湖北省经济增长的关系，力图分析湖北省的劳动力的现存态势，剖析其中的困境，为湖北省劳动力政策的科学制定提供一定的参考决策依据和启示,为湖北省经济结构调整过程中劳动力结构的调整找到自己的定位。

这种研究是有意义的,表现在:

(1)在理论上,可以在逻辑上澄清当前中国劳动力短期内面临的一些问题。从而形成科学的和前瞻性的劳动力趋势判断,为制定政策提供有价值的参考。

(2)在实践上,湖北省作为中国的一个人口大省,在劳动力供给方面也存在着许多挑战,但是对于现实中湖北省劳动力的态势究竟如何,当前在理论研究上系统性文献相对较少,对这个问题存在研究的需求。当前中国正面临着经济结构调整和产业升级的问题,湖北省的劳动力的状态与湖北省经济结构调整之间如何匹配,它们之间的关系如何,两者之间协调和不协调部分表现在哪些方面,都是值得研究的环节,只有把这些都梳理清楚了,才能够制定出科学的政策,让湖北省的劳动力供给服务于湖北省的经济结构调整和产业结构的升级,促进湖北省经济的增长。

二、劳动力态势的变化与经济结构调整的关系分析

(一)中国经济结构调整和劳动力结构调整的关系是相互耦合的关系

劳动力结构和经济结构的调整和演进是相互耦合的关系。这种耦合关系很难说是谁在影响谁,因为劳动力结构的变化会引发经济结构的变化,当特定经济产业的劳动力人口增加时,随着劳动力资源的投入,该产业部门的产出会出现增加的状态,并最终改变该产业在经济结构中的比重,形成经济结构的变化过程。另一个方面,当特定的经济产业出现时,它内部的劳动力工资效率比较效应会更加吸引劳动力到该产业部门就业,从而形成劳动力结构的变化问题。当然,如果分析的起点从经济结构开始,也会看到经济结构的变化最终影响劳动力

结构的变化。因此，在经济结构调整和劳动力结构调整的关系上，很难准确说起点是谁。

在实际研究中，依据研究的任务，我们可以把劳动力结构的调整作为研究对象，而把经济结构的调整作为劳动力结构调整的自变量，这种说法有两个优点：第一，它符合本研究把劳动力态势分析作为核心目标，使得我们可以聚焦于劳动力结构本身的问题、挑战和对策。第二，这种研究可以让整个分析变得简洁起来，并且依据这种逻辑过程，可以让我们清晰地看出经济结构对劳动力结构的影响过程。

从研究目的即研究劳动力结构的变动出发，考察经济结构对劳动力的影响，我们认为，经济结构是劳动力结构变动的真正动力。随着产业结构从第一产业向第二产业转移，第二产业生产效率的提高，带来了劳动报酬的提高。劳动报酬作为确定性价格信号系统，对劳动力发出了召唤，引发了大量从业人口从农业向工业转移，造成以农业为主体的劳动力结构转变为以工业从业人口为主体的劳动力就业结构。当工业满足了人们"吃、穿、住、行"的需求，并最终满足"玩"和自我实现的需求时，旅游、医疗、保险、体育、文化等产业就会由于需求的引导出现较大的发展，这将带来劳动力从第一产业和第二产业向第三产业的大规模转移的现象，即大量劳动力会在第三产业上实现就业的问题。第三产业由于需求的旺盛也会出现相对劳动报酬较高的状态，这时会有大量从业人口从农业和工业向第三产业转移，相应于经济结构从第二产业向第三产业推进，劳动力会对应出现第三产业就业占整体就业核心比重的问题。所以说，把劳动力作为目标变量，经济结构的变动和调整过程是引发劳动力结构变动的核心原因，经济结构的变动是推动劳动力结构变动的直接动力。在接下来的部分中，本研究也将就此问题，利用湖北省的经济数据进行一些实证分析。

（二）当前经济结构对劳动力结构调整的基本要求

经济结构是推动劳动力变动的直接动力。经济结构中，特定产业结构劳动报酬吸引着对应劳动力的参与，从而形成特定的劳动力结构。但是经济结构对劳动力结构的推动过程并不是单方面的，经济结构本身对劳动力结构也提出了一些要求。这些要求包括：

1. 特定的经济结构需要特定的劳动力数量结构进行支撑

在经济增长中，作为要素投入，劳动力数量的投入是经济增长不可或缺的环节。而且，劳动力要素的投入对经济增长中资本投入的不足具有替代效应，在资本不足时，可以通过投入劳动来替代资本不足的问题。在产业结构中，当满足了人的吃的需求之后，也就是在农业得到大发展之后，要解决穿的需求，只能通过轻工业的大发展来完成。这就要求在轻工业领域中，具有特定的轻工业所需的劳动力数量来满足其发展。当轻工业满足了人们的穿的需求之后，要满足人的行的需求和住的需求，就必须发展重工业和重化工业。要使汽车、建材等方面满足住和行上的需求，就需要有足够的劳动力数量在重工业领域生产来保证该产业对劳动力的需求。对于一个产业，尽管可能存在用资本来替代劳动的情况，但是中国，特别是湖北省仍是一个资本相对稀缺的地方，不可能在所有的地方都用资本来替代劳动，更多的时候，还是需要立足于湖北本地的实际，针对特定的湖北省内部经济结构的发展现状，依赖特定的劳动力数量来保证该经济部门得到迅速发展。

2. 特定的经济结构内部的产业发展需要对应的素质的劳动力来支撑

各种产业结构对劳动力素质禀赋的要求是不一样的。在以农业为主体的社会中，机器大工业没有大规模出现，对劳动力素质的要求基本上是对其体力上的要求，要求健康的能够提供体力劳动的劳动力。而在机器大工业开始发展之后，在工业领域需要具备机器设备性能知识，以及在组织纪律性方面有强自律性的劳动力，这对劳动力的素质要求就比较高了。在第三产业大规模发展期间，要求劳动力不仅仅具备一定的专业基础知识，还需要具备与人进行交流沟通、能够协调各种人际关系的情商。从这个路径来看，随着产业结构和经济结构升级，对劳动力的需求从传统的体力劳动者的要求，转变为对智力的要求，最终转变为对于情商的要求。经济结构的转变对劳动力素质的要求是一步一步升华的。如果不能适应经济结构的调整过程,深处其中的劳动力就很难适应新形势的变化。

在工业化和信息化的背景下,传统产业部门还面临着改造升级的挑战。例如在大规模工业化之后,工业化和信息化对农业领域进行了改造,大量的农机机械化耕作开始出现,这些都对传统的农业劳动力提出了新的要求,即必须对生产、操作技能的知识和经验完成升级。在工业领域同样存在这些问题,随着先进技术的改造,各种机器生产工艺变成了计算机控制的数控加工工艺,对劳动者的知识、技能、组织化能力方面都提出了新的要求。

因此,特定的产业和经济结构必须有相应的劳动力素质来进行匹配。由于经济结构和产业结构一直处于相对变动之中,劳动力在各个产业之间的摩擦性失业问题不可避免。

三、湖北省劳动力特征变化态势分析

从第五次人口普查到第六次人口普查,湖北省的经济经历了飞速发展的阶段。2000年,湖北省的GDP总量为3545.49亿元;到2010年时,湖北省的GDP总量为15967.61亿元。10年来,GDP总量增加了4.5倍。在产业结构方面,2000年到2010年,湖北省的产业结构的变动情况见表1.1。从该表可以清晰地看到湖北省经济结构变动的基本脉络,农业的比重开始下降,而工业和第三产业的比重开始上升。在2000—2010年,湖北省的第二产业一直处于比重持续上升的状态,第三产业处于以GDP40%比重为中心的轻微波动状态。

表1.1　　湖北省2000—2010年经济结构变动对照表　　单位:%

年份	地区生产总值	第一产业	第二产业	第三产业
2000	100	18.7	40.5	40.8
2001	100	17.8	40.6	41.6

续表

年份	地区生产总值	第一产业	第二产业	第三产业
2002	100	16.8	40.6	42.6
2003	100	16.8	41.1	42.1
2004	100	18.1	41.2	40.7
2005	100	16.4	43.3	40.3
2006	100	15.0	44.2	40.8
2007	100	14.8	44.4	40.8
2008	100	15.7	44.9	39.4
2009	100	13.8	46.6	39.6
2010	100	13.4	48.7	37.9

资料来源：《湖北统计年鉴（2011）》，中国统计出版社，2011年。

需要特别说明的是，本研究中劳动力在统计学意义上的定义是指劳动年龄在16~64岁的人口，该定义与中国统计局规定的人口统计依据稍微有所区别。中国统计局规定劳动力统计范围是16~60岁的男性和16~55岁年龄的女性，而本研究的口径与世界银行规定的劳动力统计口径是一致的。从进行国际比较的角度上看，这种作法并无不妥，而且即使在国内，目前调整退休年龄的呼声也是非常强烈的。此外，采取这种劳动力统计的做法，也可以前瞻性地看出湖北省劳动力供给的基本状态。

本部分未加特别说明的数据都来源于湖北省统计年鉴和《湖北省2010年人口普查资料》（中国统计出版社，2012年）、《湖北省2000年人口普查资料》（中国统计出版社，2002年）。

与经济结构相匹配，湖北省的劳动力结构在这10多年以来也发生了重大的变化，表现在劳动力的数量、地区结构、年龄结构、就业状态等方面，下面分别进行说明。

(一) 劳动力人口学特征的变化

1. 劳动力数量、性别和地区的变化

依据湖北省第五次人口普查和第六次人口普查的数据，我们得到了反映湖北省劳动力数量、性别和地区结构的表1.2。

表1.2　　　　　湖北省劳动力的数量、性别和地区变化表　　　　单位：人

	"五普"			"六普"			数量差（"六普"-"五普"）		
	男	女	合计	男	女	合计	男	女	合计
武汉	3226935	2997688	6224623	4114965	3898345	8013310	888030	900657	1788687
黄石	883966	818515	1702481	920095	897257	1817352	36129	78742	114871
十堰	1291673	1124781	2416454	1334257	1217769	2552026	42584	92988	135572
宜昌	1603124	1436642	3039766	1641658	1541964	3183622	38534	105322	143856
襄樊	2080519	1955989	4036508	2120469	2087818	4208287	39950	131829	171779
鄂州	358953	343261	702214	404581	390245	794826	45628	46984	92612
荆门	1114478	1031709	2146187	1161467	1121001	2282468	46989	89292	136281
孝感	1764317	1651983	3416300	1868141	1815228	3683369	103824	163245	267069
荆州	2304683	2171835	4476518	2223259	2154151	4377410	-81424	-17684	-99108
黄冈	2530454	2313358	4843812	2291644	2269707	4561351	-238810	-43651	-282461
咸宁	958115	885208	1843323	930046	910082	1840128	-28069	24874	-3195
随州	892490	837560	1730050	848435	826687	1675122	-44055	-10873	-54928
恩施	1402467	1244905	2647372	1172177	1143559	2315736	-230290	-101346	-331636
仙桃	515262	489870	1005132	454991	430267	885258	-60271	-59603	-119874
潜江	361411	346922	708333	369103	365713	734816	7692	18791	26483
天门	575847	545634	1121481	572076	526122	1098198	-3771	-19512	-23283
神农架	31568	25422	56990	31301	27253	58554	-267	1831	1564
全省	21896262	20221282	42117544	22458665	21623168	44081833	562403	401886	1964289

在表1.2中，可以看出当前湖北省劳动力数量结构、地区结构和性别结构具有如下特征：

（1）从数量结构来看，湖北省的劳动力在数量上随时间推移而变

化,劳动力的数量依然呈现出净增加的态势。湖北省第五次人口普查时,16~64岁劳动力人口数量为42117544人;第六次人口普查时,劳动力人口数量为44081833人。10年间,劳动力的净增加人口为1964289人。

(2)从性别结构来看,湖北省的劳动力性别结构一直存在男性劳动力超过女性劳动力的状态。在第五次人口普查中,男女性别比为108∶100,在第六次人口普查中,男女性别比为103∶100。第六次人口普查的数据中男性劳动人口占比比第五次人口普查稍微出现了下降,表现出男女劳动力数量的基本平衡状态。

(3)从地区结构来看,湖北省的劳动力地区分布非常不均衡。把湖北省的劳动力数据放在arcgis地图上,可以清晰地看出这个结构(见图1.1)。湖北省的劳动力主要集中在武汉市和几个副中心城市上(襄阳、宜昌)。在"五普"时,武汉市占湖北省总劳动力的14%,到"六普"时,武汉市占湖北省总劳动力的18%,说明劳动力在往武汉集中。作为湖北省的副中心城市襄阳、宜昌也集中了大量的劳动力,这说明湖北省的城市布局和结构转型取得了一定的成绩,目前副省级城市已经在集聚劳动力方面发挥着政策的引领功能。

(4)从湖北省"五普"和"六普"的数据对照来看,有些城市已经出现了劳动力人口数量下降的局面。其中,恩施的劳动力人口数量下降最剧烈,"六普"比"五普"减少了336136人。其次是黄冈,减少了282461人。从地图上可以看到上述几个城市,基本是湖北的东大门、西大门、南大门和北大门,它们处于湖北省和其他省份交界的地带。这种劳动力数量的减少,反映出劳动力从边缘地带往湖北省中心地带迁移的倾向。而事实上,湖北省的中心地带城市基本上人口都处于增加态势,增加最大的是武汉市,"六普"比"五普"的劳动力数量增加了1788687人。

2. 劳动力年龄分布的变化

湖北省劳动力年龄的变化状况见图1.2。图1.2是湖北省劳动力年龄变化的"四普"、"五普"和"六普"的对比图,其中"六普"的数

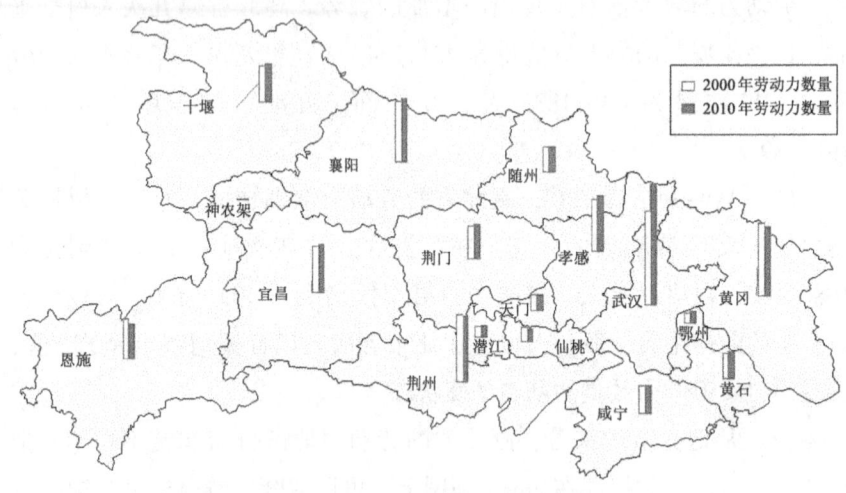

图 1.1　湖北省劳动力空间分布图

据来源于《湖北统计年鉴（2011）》（中国统计出版社，2011 年）。

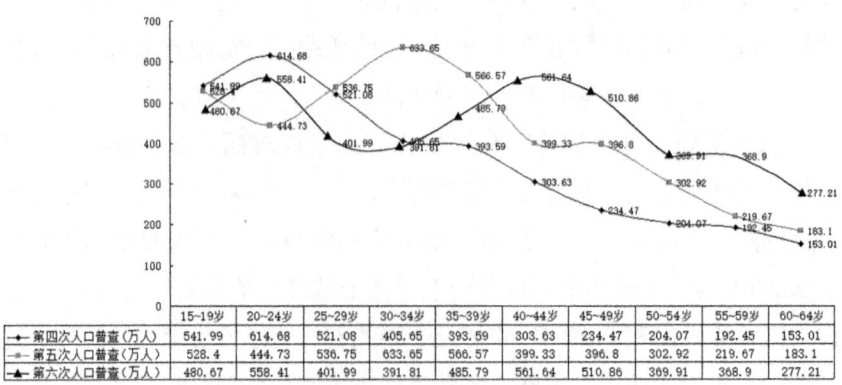

图 1.2　湖北省劳动力年龄分布对比图

从图 1.2 中，可以看出湖北省劳动力年龄分布的一些趋势：

（1）从劳动力年龄的峰值来看，"四普"时劳动力数量在 20～24 岁段达到峰值 614.68 万人，随时间的推移，峰值年龄段也在不停往后推移，在"五普"时推移到了 30～34 岁这个区间，峰值人口达到了

633.65万人。峰值人口的增加可能是劳动力流入的结果。在"六普"时，这个人口峰值推移到了40~44岁这个区间，峰值人口数量是561.64万人，峰值人口数量开始减少，这反映了人口队列随时间变化的一般规律。峰值人口的推移反映出湖北省劳动力人口已经开始出现了一定程度的老化状态。

（2）从目前的态势来看，中国新生代劳动力人口峰值正在形成之中，目前这个峰值集中在20~24岁这个区间，峰值人口数量达到了558.41万人。

（3）从人口金字塔的结构来看，目前44岁以下的劳动力占了全部劳动力的65.35%。相对而言，这个年龄段的劳动力年富力强，是湖北省最活跃的生产力，其占总人口的比重大，说明湖北省经济发展的潜力还是十分巨大的。

3. **劳动力受教育程度的变化**

湖北省劳动力受教育程度的变化状况见图1.3。图1.3反映了湖北省自"五普"至"六普"期间劳动力受教育程度的变化情况。在进行受教育程度处理时，"五普"和"六普"的统计口径上存在着微小的差别。在"五普"中包含了"中专"这个选项，但是"六普"中没有。由于"中专"一般还被认为是高中层次，因此"五普"中的"中专"选项数据归并到了高中部分。图1.3具有如下特点：

（1）湖北省劳动力的受教育程度峰值都在初中这个位置上，但是峰值的大小不同。在"五普"时，初中文化受教育程度劳动力数量占总劳动力的35.8%。但是"六普"时，初中文化程度劳动力数量占总劳动力数量的46.79%。初中文化程度受教育人口比重的提升应该是九年义务教育普及的结果。

（2）湖北省整体劳动力的素质得到了提高。反映在数据上，"六普"以来，大专及以上文化程度人口的比重开始显著上升，小学文化程度的比重下降了。大专及以上文化程度劳动力从占总劳动力的4.02%上升到12.05%。

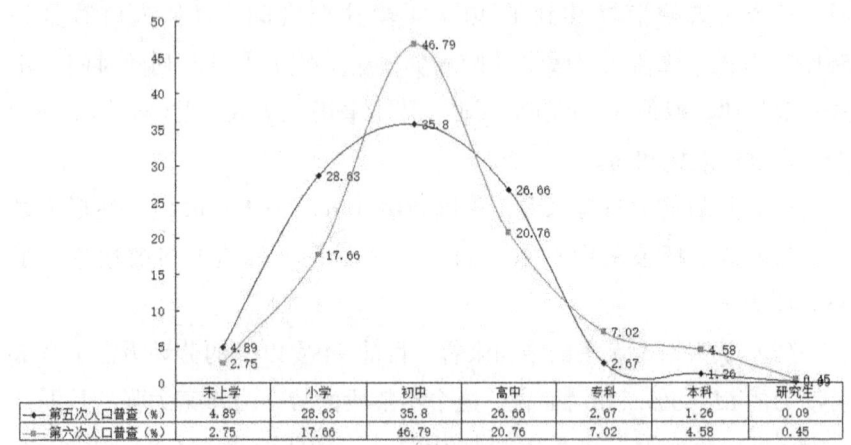

图 1.3 湖北省劳动力受教育程度分布对比图

(二) 劳动力就业状况的变化

从"五普"到"六普",湖北省的劳动力就业在行业、职业和工作时间上发生了变动。下面分别进行说明。

1. 劳动力就业的行业变动状况

湖北省劳动力就业在行业上的变动情况见表1.3。表1.3反映了湖北省劳动力在行业上的分布对比情况。表1.3透露出如下信息:

表1.3 湖北省劳动力就业行业分布对比表

	"五普"（%）	"六普"（%）
农林牧渔业	65.49	51.46
采掘业	0.52	0.59
制造业	9.64	13.55
电力、煤气及水的生产与供应业	0.66	0.67
建筑业	2.29	6.03

续表

	"五普"（%）	"六普"（%）
地质勘察、水泥管理	0.2	0.37
交通运输、仓储、邮电	2.75	3.68
批发零售、餐饮	7.8	9.55
金融保险	0.67	0.76
房地产	0.19	0.52
社会服务	2.27	3.77
卫生、体育和社会福利业	1.32	1.34
教育、文化艺术和广播电影业	3.01	2.9
科学研究和综合技术服务业	0.25	0.31
国家机关、党政事业机关和社会团体	2.57	2.56
其他行业	0.37	1.96

（1）农业领域依然是湖北省劳动力就业的主要行业。在"五普"时农业领域就业的劳动力占总劳动力的65.49%，在"六普"时尽管比重略有下降，农业劳动力依然占了总劳动力数量的51.46%。

（2）从"五普"到"六普"，湖北省劳动力存在明确的结构转型。农业领域的劳动力比重下降，而制造业、服务业的比重都在明显上升。这反映出农业领域减少的劳动力开始进入工业和服务业领域。在制造业领域，"五普"时劳动力占总人口的9.64%；到了"六普"时，占比上升到了13.55%。在批发零售、金融保险等服务业行业中都存在劳动力比重上升的情况。

2. 劳动力就业的职业变动状况

湖北省劳动力就业在职业上的变动情况见图1.4。图1.4反映的是湖北省"五普"和"六普"以来劳动力职业变动的对比情况。在图1.4中可以看出：

（1）湖北省的劳动力主要以"农林牧渔水利生产人员"为主要职

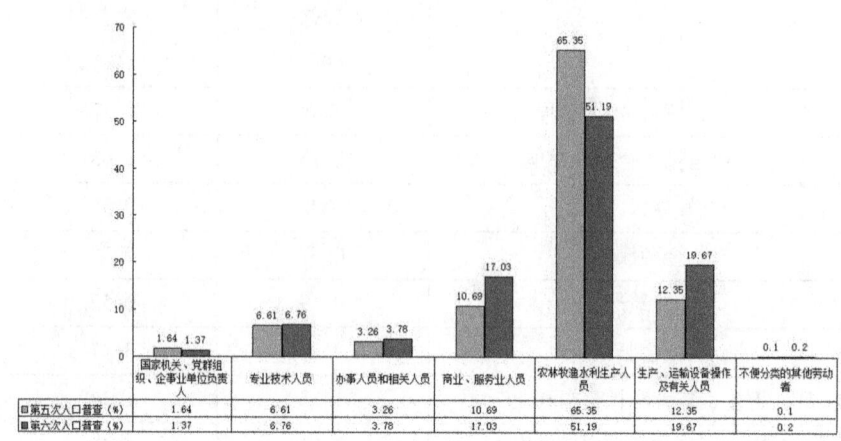

图 1.4　湖北省劳动力每周劳动职业分布对比图

业,这与湖北省劳动力的行业分布是对应且相互印证的。在"五普"时以"农林牧渔水利生产人员"为职业的比重为 65.35%;"六普"时比重依然有 51.19%。说明湖北省的"农林牧渔水利生产人员"岗位是湖北省的主要就业岗位。

(2) 从"五普"到"六普"这 10 年间,"农林牧渔水利生产人员"岗位比重开始下降,"商业、服务业人员"和"生产、运输设备操作及有关人员"岗位比重开始明显上升。其中,"商业、服务业人员"从 10.9%上升到了 17.03%, "生产、运输设备操作及有关人员"从 12.35%上升到了 19.67%。

(3)"国家机关、党群组织、企事业单位负责人"、"专业技术人员"、"办事人员和相关人员"基本保持稳定。这些岗位都属于管理类岗位,这种稳定性有益于把人员安置到生产的第一线上去。

3. 劳动力就业工作时间的变化

湖北省劳动力就业每周工作时间的变化对比情况见图 1.5。在第五次人口普查中,对劳动力每周工作的劳动时间的分类是以周的自然日进行统计的。在第六次人口普查中,对劳动者的就业时间是按照实际工作小时时间为准。这就造成"五普"和"六普"对于每周工作时间统计口径上的不一致。为了解决这个问题,本研究以每天工作8个小时为基准,大致把"六普"中的工作时间,分成了与"五普"每周工作日相一致的状态,以解决统计口径问题。通过图1.5,可以看出"五普"到"六普"以来湖北省劳动者每周劳动时间上的差异性。

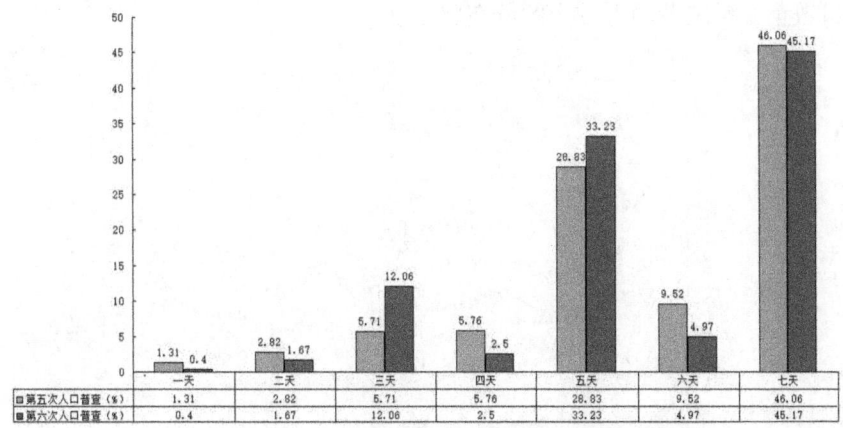

图1.5 湖北省劳动力每周劳动时间分布的对比图

(1) 无论是在"五普"调查中,还是"六普"调查中,湖北省的劳动者每周工作七天的状态都非常普遍。在"五普"中,工作七天的劳动者占总劳动者的46.6%。在"六普"中这个比重是45.17%,并没有明显下降。

(2) 正常五天工作日的人数在总人数中的比重不是太高。中国是实行五天工作制的。理论上讲,每周工作五天的劳动者,应该占劳动者总数量的绝对多数。但是实际上,在"五普"中,每周工作五天的比重是28.83%,在"六普"中是33.23%,数量稍微有所上升。

(3) 从就业的趋势上来看,湖北省劳动者中灵活就业人数开始增加。每周工作时间低于五天的状态,反映的是短期就业状态。在"五普"中,短期就业比重为15.6%。在"六普"中,短期就业的比重是

16.63%，这个数据说明，如何创造更加稳定的工作岗位，让劳动者安心就业，是当前湖北社会经济发展政策中需要着重关注的问题。

4. 劳动者的城乡分布

湖北省劳动力城乡分布的状况见图1.6。在对"五普"和"六普"原始数据进行处理时，本研究构造了一个反映劳动力城乡状态的指标，即劳动力城市化率。该指标就是用城镇劳动力人口数量除以总劳动力人口数量，反映劳动力城乡的分布状态。

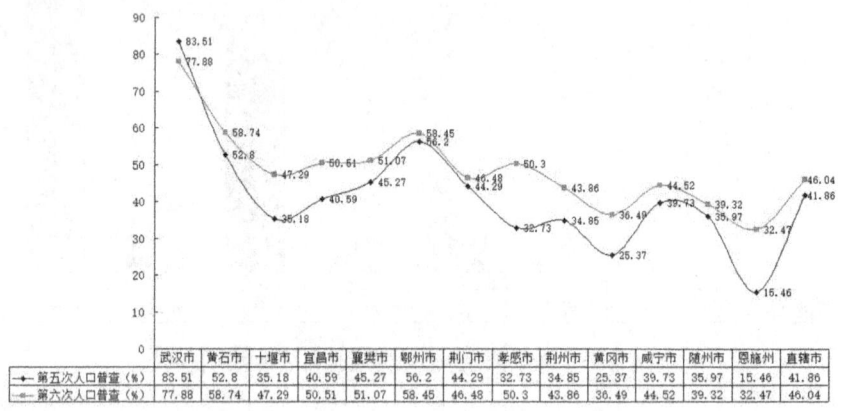

图1.6 湖北省劳动力城乡分布对照表

（1）从地区分布来看，劳动力的城市化率的分布不是很均匀。城市劳动力占比高的包括武汉、黄石、鄂州、宜昌、孝感和湖北省的三个直管市（仙桃、潜江和天门），劳动力城市化率都超过50%，最高的是武汉，劳动力城市化率达到了83.51%。

（2）从时间趋势来看，城市化的推进促进了劳动力从农村往城市迁移，引起了劳动力城市化指标的提高。与"五普"数据相比，"六普"的劳动力城市化率指标数据明显抬高，反映了城市的劳动力的比重在开始提高。

（3）从劳动力城市化率增长速度来看，十堰市、孝感市、黄冈市和恩施自治州的增长速度最快，分别从"五普"时的35.18%、32.73%、

25.37%、15.16%增长至"六普"时的 47.29%、50.3%、36.49% 和 32.47%。

四、湖北省劳动力态势上面临的问题和挑战

湖北省劳动力结构变动及其特征，一方面揭示了湖北省劳动力的基本状态，另一方面也暴露出了湖北省劳动力面临的问题和挑战，它们包括：

（1）劳动力行业结构不能匹配经济结构调整的基本要求。经济结构的调整需要与特定的劳动力行业结构相匹配。但是经济结构一直在动态变化中，工业化和信息化的发展，也会对传统的产业部门进行改造。不仅体现在农业的工业化、信息化改造过程，也体现在轻工业、重工业的智能化和信息化的改造过程。经过现代化改造的传统部门，已经不再是一般意义上的传统部门，而是具有现代意义的、智能化和信息化的智力部门。在这种情况下，需要湖北省劳动力在行业结构上与产业结构发展的方向进行对应的调整。但是当前湖北省劳动力依然以农业作为主要的就业行业，尽管在制造业和服务业就业的比重开始增加，但增长速度距离匹配湖北省产业结构的调整状态还有着很大差距。

（2）劳动力人才结构不能适应经济结构调整的要求。现代产业的发展需要高素质的劳动力，当前湖北省的劳动力中，初中文化水平人口占了绝大部分的比重。这种层次的劳动力与当前工业4.0、大数据、人工智能（AI）背景下的经济增长是不相匹配的。而湖北省经济结构的调整和升级包含着产业结构和技术的高级化。湖北省的劳动力素质显而易见无法适应未来的技术要求，还需要不断进行提升。

（3）湖北省劳动力地区结构的分布不均衡，影响了湖北省整体经济的均衡发展。劳动力主要集中在武汉市，而在湖北省和周边省份交接的城市劳动力数量分布较少。一个城市和地区的经济发展，需要一定数量的劳动力投入。湖北省部分城市劳动力数量减少的趋势，会造成地区

经济发展劳动力供给的不足，从宏观上带来湖北省区域经济发展的不均衡性问题。

（4）劳动力城市化的比率还比较低。工业化和城市化是现代化的基本趋势，城市是工业化的载体，也是进行工业化生产过程中必须投入的劳动力的空间载体。由于城市的资源集聚效应，工业往城市集聚的过程，也要求劳动者往城市集聚。在湖北省劳动力城市化的数据中，还有些城市的劳动力城市化率在50%以下，说明还有相当数量的劳动力依然在农村地区。这对于发展现代工业是相当不利的，整体上也不利于湖北省经济的发展。

（5）湖北省的劳动力现在面临老化的问题。随着时间的推移，湖北省的劳动力的峰值在往后推移，这带来湖北省劳动力的老化问题开始出现。在20世纪80年代的生育高峰形成的人口年龄队列，在今天都已经进入了三十岁到四十岁的年龄段。一个方面，这个年龄段的人口具有丰富的人生阅历。但是在体力方面也面临着诸多的问题。人口老龄化的问题，降低了劳动者的劳动力素质，对湖北省经济增长是一个较大的挑战。

五、经济结构调整中湖北省劳动力态势调整的政策措施

（一）湖北省产业结构调整中劳动力结构调整的关注点

针对湖北省劳动力结构和产业结构中的突出问题，本研究认为在制定适应经济结构调整的劳动力结构调整政策方面，以下方面值得关注：

（1）劳动力数量的适用性问题。湖北省是一个劳动力大省，过去在中国的观念中，一直把劳动力数量作为一个经济负担，认为劳动力数量的增多，拉低了总体产出的平均数。然而在计划生育政策实施三十多年之后，中国当前已经明显出现了人口生育率下降的局面，由此人口结构中，新生人口数量急剧下降。而且，包括中国在内的劳动力供给数量处于绝对值和相对值都下降的局面。劳动力数量的减少已经让南方很多

地方从过去的"找工作难"状态变成了"民工荒"状态。因此，对于劳动力数量上，湖北省政策决策者不能再固守传统，即劳动力是消费者，会拉低产出的平均数，是经济增长过程中的负担这样一个观念，而必须认识到，经济增长中需要大量的劳动力的投入，需要各种类型的劳动力的参与。因此，需要制定出政策，广泛吸引各类劳动力到湖北省境内来就业，并且能够安居乐业，采取措施解决他们的后顾之忧。

（2）全局统筹的角度来把握湖北省内劳动力资源的配置问题。当前，湖北省内的劳动力在农业领域和在农村生活的劳动力居多。未来，随着湖北省工业化、城市化和信息化的进一步推进，将有越来越多的劳动力从农村进入到城市来工作。这样会使得城镇的失业和外来流入的劳动者之间存在诸多的就业矛盾问题。决策者需要对这些问题进行统筹处理，要对农村的就业容量和城镇的就业容量进行调研，形成一个前瞻性的方案。只顾及城市就业，而不考虑农村就业，或者只考虑农村就业，而不思考城市劳动力投入的状态都是不科学的。只有从城乡统筹的角度来综合考虑劳动力的就业问题，才能实现劳动力资源在湖北省境内的合理配置。

（3）要理性认识劳动力数量和劳动力素质的关系问题。随着中国"无人"技术的发展，目前人工智能和工业4.0所引发的无人生产开始被很多的工厂采纳。这些产业显而易见是资源密集型产业，它们无法吸纳大量的劳动力人口，但是对劳动力素质的要求较高。因此在现今劳动者的就业上，就存在着劳动力数量和劳动力素质之间的对立问题。这个问题自从工业革命以来，就一直存在，即机器对劳动的替代问题。湖北省产业结构的升级和调整必然会带来劳动力的结构性失业问题。但是这个问题并不是洪水猛兽，只要对劳动者进行生产技能的培训，劳动者技能和技术脱节的问题是可以解决的。在制定相关决策时，实践部门需要对劳动者的技能进行前瞻性考虑，并采取相应对策。

（4）劳动力的调整过程要放进工业化、信息化和城市化的大背景下来进行考虑。当前中国正面临深刻的社会结构的转型，正在从传统的农业社会向工业化社会转型，从农村社会向城市社会转型，从落后的信息传递方式向先进的移动社会转型。劳动力结构的调整过程，也必须放在这个时代背景下来考虑，产业吸引力和社会吸引力都必须以此为背景来构造就业的容量。就业问题不是一个孤立的问题，要解决就业问题，需要将就业问题放进社会经济发展总体规划和背景中去考虑，只有经济社会的发展，才能为就业提供足够的就业容量，更好地促进就业问题的解决。因此，解决湖北省的就业问题，需要在湖北省社会经济发展总体规划中实施相应的就业促进战略，既要重视事前的规划，从战略上规划好就业问题的解决；也要重视事后的落实，针对就业中存在的问题进行补救和安抚。二者相互促进、相互补充。

（5）在思考解决就业问题的措施方面需要吸取新结构主义的积极成果。新结构主义是林毅夫教授提出的发展经济学理论。新结构主义指出，在发展经济的过程中，要求政府有所为，市场也必须参与，通过政府和市场两只手来促进经济发展。政府和市场在促进劳动力就业方面各有优势，通过合作弥补不足可以有所作为。政府在培育产业进而增加就业容量、统一公共就业信息平台的建立、劳动者权益的保护、劳动者能力培养、维持劳动力市场秩序等方面都可以大有作为。而对劳动者本身而言，积极上进、追求知识、刻苦工作的精神，都是获取就业机会的必要素质条件。自身努力和社会支持相结合才可以促使个体和就业岗位之间无缝对接，实现劳动者劳动的价值。

（二）湖北省劳动力结构调整的对策和措施

劳动力只有劳动才会创造价值，如果不能和工作岗位相结合，就会形成劳动力的浪费。也就是说，在经济结构转型升级中调整劳动力的结构，实际上是创造就业岗位，吸引劳动力参与的过程。当产业能够创造就业岗位，并且有合适的劳动力参与其中实现了就业，就意味着劳动力结构调整的完成。

因此，劳动力结构调整的核心任务包括：通过发展非国有经济，促进所有制结构的优化；通过加大第三产业的发展，促进就业产业结构的优化；通过大力扶持中小企业的发展，促进就业企业结构的优化；通过劳动力的地区、城乡流动，促进就业地区结构、城乡结构的优化等。就业结构优化战略的核心目标是实现就业结构的升级换代，从而促进经济的高质量和高效率运行。

结合劳动力结构调整中的关注点，本研究认为劳动力结构调整是一个系统工程，其核心在于实现劳动者的就业。要实现劳动者的就业，从供给和需求的角度而言有两个思路，一是从供给的角度来考虑，通过人口控制减少劳动力的供给从而减轻劳动力就业的压力；二是创造需求，即通过就业岗位的开发和创造吸纳更多劳动力就业。

在劳动力供给方面，当前中国包括湖北省在内的多数省份的劳动力绝对数量已经开始下降，每年开春招工期间，很多地方面临"用工荒"的局面。因此，期望实行计划生育来减少劳动力的供给，对经济增长毫无好处。经济增长必须要投入足够数量的劳动力。针对湖北省劳动力结构的调整，这一路径显然并非好思路。

在劳动力需求创造上，则可以通过开发符合产业结构升级的岗位，进而引导劳动力到对应的就业岗位，实现劳动力结构的调整。也就是说，湖北省劳动力结构调整是建立在产业结构调整方向的劳动力需求创造战略上的。

所谓劳动力需求创造战略，其含义包括四个：（1）通过经济发展，扩展市场容量，增加就业的总量。（2）结构优化，即通过对产业结构的优化配置和升级，以及劳动力本身的培训和学习过程，提高劳动力对经济结构变动的适应性来减少结构性失业。（3）通过基本制度建设，完善市场的基础规则，解决劳动力就业的后顾之忧，减少摩擦性失业。（4）拓展新的劳动力就业渠道，缓解本地就业的压力。需求创造战略的基本线索框架可以用图1.7表示出来。

具体而言：

1. 通过经济增长来扩大总的就业容量

具体手段包括：

（1）通过鼓励自主创业和发展中小企业来促进就业。扶持中小企业发展，是增加劳动力需求的重要途径。国内外经验都表明，中小企业

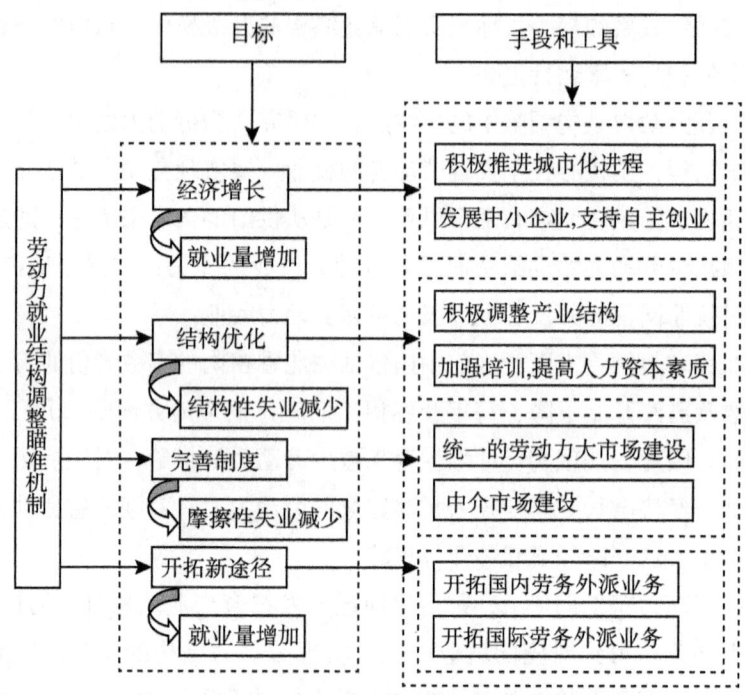

图 1.7 湖北省劳动力结构调整的战略对策图

的发展有利于增加就业容量。通过中小企业的发展，可以广泛吸收社会上各个不同层次、不同素质的劳动力。为创造更多新的就业岗位，社会应该积极鼓励人们积极进取、自主创业，政府的政策应该致力于创造一种公平的竞争环境，使得所有企业都能够充分发挥自主创造性。

（2）通过城市化的手段来增加就业。根据湖北省第六次人口普查数据，湖北省劳动力中城镇化的比例不高，诸如恩施等城市的城市劳动力人口还在50%以下，湖北省的城市化进程还有很大的潜力。而且，湖北省的城镇化还只是一种数量上的城镇化，城镇化人口中的许多流入人口没有自己的住房。由于户籍制度的限制，医疗、教育、社保等方面都受到种种限制，所以，流入人口中蕴含的在教育、住房、医疗和社保等方面的消费潜力都没有展示出来，由此带来的需求处于被压制的状态。如果能够切实保障流入人口在就业、住房、医疗、社保和教育等方面的权益，其消费需求带来的就业将是极其可观的。这一方面有利于经济发展，另一方面给就业带来的实实在在的益处。

2. 通过结构优化来促进结构性失业问题的解决

结构优化的含义包括两个方面：

（1）产业的优化。湖北省正处在工业化的中期向后期过渡的阶段，应该结合实际将投资重点放在工业内部结构升级和服务业外向度水平提升上，科学引导工业增长方式的转变，合理促进服务业辐射能力的提高。同时，积极推动湖北省产业结构的升级，吸纳劳动生产力。当前，中国东部沿海地区由于劳动力成本等因素，大量的加工企业正在向内地转移，湖北省要抓住中部地区四通八达的区位优势，承上启下，承南启北；要积极吸纳技术和效率相对先进的加工业到本区域来，通过加工业的发展解决湖北省内的剩余劳动力的就业问题。这些都属于产业结构优化带来的就业增长潜力。

（2）人的优化问题。产业结构的调整需要有相对应技能和素质的人相匹配才可以创造出现实的生产力。产业结构调整和优化的同时，如果没有人的优化，那么就会出现结构性失业问题：一方面产业无法匹配到合适的劳动力，另一方面劳动力找不到适合自己的工作。对人的优化的主要措施是教育和培训。产业结构升级和调整过程中，影响最大的群体是农业剩余劳动力，因此，优化的主要对象是农业剩余劳动力。政府要承担起对农村富余劳动力教育培训的责任，并根据需要给予适当的财政和金融政策支持，在提高农村劳动力就业技能，提高收入水平的基础上，引导建立农村劳动力自我扩大再生产持续发展的机制。

3. 完善制度，提供服务，解决摩擦性失业问题

制度建设主要包括全国性劳动力大市场的建设和湖北省内中介机构的建设。首先，建立全国性劳动力市场，需要全局观念、整体思维和战略眼光。湖北省的劳动力市场是整个中国劳动力市场的组成部分，服务于中国产业和经济的整体布局，企图与全国市场割裂来解决湖北省劳动力的就业问题是错误思路。因此对于国家而言，需要在全国范围内建立

统一的劳动力市场；对于湖北省而言，需要摒弃部门保护的观点，清理与统一大市场建设相违背的规章制度，为劳动力顺利流动创造条件。其次，必须认识到湖北省内劳动力中介机构建设的重要性。劳动力市场中介是促进劳动力供求双方形成劳动关系的第三方组织，其目标不仅仅是使求职者更快找到新工作，而且能够改善就业匹配质量、提高匹配效率，促进劳动力到更合适的岗位上工作。因此，劳动力中介服务在帮助减少短期失业、减少工作轮换、减少新雇佣成本、提高生产效率、降低失业率等方面具有重要作用。湖北省政府劳动管理部门需要在中介机构的进入、税收、融资等方面提供切实的规范和支持，促进中介服务机构健康发展，为消除劳动力市场中信息不对称问题，解决摩擦性失业发挥力量。

4. 提高劳动者的质量

主要内容在于通过控制劳动力供给"水池"的阀门，有计划和目的地投入劳动力的供给，减轻对劳动力就业市场的冲击；对于劳动力供给"水池"中的人口，提高其质量，从而提高整体劳动力的素质。具体而言，包括如下措施：

（1）要进一步深化教育体制改革。我国需要构建起现代国民教育体系，提倡终身教育；建设学习型社会，全面推进素质教育；要加大对基础教育的投入，确保义务教育的全面实现，特别是要普及农村学龄人口的九年制义务教育，同时要控制教育收费水平与人们的收入水平相适应，始终坚持平民教育和精英教育并重。

（2）加强职业教育和技术培训。在此可以借鉴国外的做法：日本主要通过函授形式提高工人的技术水平，发给合格者"技能工"证书；德国把职业培训看作经济发展的柱石和民族生存的基础，采取企业为主、学校为辅的培训方式；东南亚国家则普遍重视高能技术培训。中国可实行以中初级职业技术培训为主、高等职业技术培训为辅的方式；对新生劳动力和后备劳动力要做到"先培训后上岗，不培训不上岗"；对在岗职工采取分期分批培训、函授培训和联合培训等多种方式；同时要抓好管理人员、工程技术人员等的继续教育工作。总之，要努力把人口压力转变为人力资源优势，提高劳动者的就业能力和创业能力。

5. 劳动力就业环节不仅在于本地吸收劳动力，还需向外界输出合适的劳动力，通过外部劳动力市场，来缓解本地劳动力就业的压力

目前而言，湖北省的劳动力外部输出主要是农村剩余劳动力的输出，这是减少本地劳动力就业压力的一个重要途径；另一方面，还可以组织特定技能的劳动力实现劳动力的国际输出。在中国，劳动力人口众多，属于具有比较优势的资源。在这方面，湖北省政府可以进行积极引导和规划，制定出促进劳动力国际输出的政策，主动引导劳动力的国际流动。通过国际流动、国内流动和内部主动消化，多管齐下，解决劳动力的就业问题。总之，要进一步引导完善加强劳动力输出服务体系建设，对在劳务输出过程中发挥重要作用的组织，要给予必要的财税政策支持或奖励，从而使富余劳动力能够顺利就业，充分参与价值创造。

◎ 参考文献

[1] 罗红云. 中国农地规模经营前景分析——基于对8省292户农民的调查 [J]. 调研世界，2010 (7).

[2] 张青. 农村劳动力转移中的政府作用研究 [D]. 华中师范大学学位论文，2007.

[3] 肖艳芬. 城市化进程中的湖北农村劳动力转移研究 [D]. 华中农业大学学位论文，2006.

[4] 余晓明，岳钟强. 新疆农村劳动力转移的现状、特点及对策 [J]. 新疆财经，2006 (1).

[5] 蔡昉. 农村劳动力转移存在四大障碍 [OL]. http://blog.voc.com.cn/blog_showone_type_blog_id_39428_p_1.html.

[6] 李玉江. 农业剩余劳动力转移区域研究 [M]. 山东人民出版社，1999.

[7] 蔡昉. 解决农村剩余劳动力之谜 [J]. 中国人口科学，2007 (2).

第二章 湖北省劳动力在产业结构上的变动分析

一、引言

产业结构即国民经济的部门结构,主要指构成国民经济的三次产业部门在国民生产总值中的比例关系以及各产业内部的构成比例关系。劳动力结构则是指劳动就业人口分布结构,即不同产业中就业的劳动人口占总劳动就业人口的比重。

产业结构与劳动力结构是相互耦合的关系,一方的发展依赖于另一方的发展,并且为对方的发展创造条件。当前中国的产业发展正处于从高消耗、低成本发展模式向低消耗、高附加值的产业发展模式转型,对劳动力质量的要求也提高了。产业结构升级也使得就业结构从劳动密集型产业就业结构向资本密集型产业和知识密集型产业就业结构转换。知识密集型产业的发展需要高素质人力资本的支撑。在产业结构向技术集成和服务业高端化发展时,会引发在该领域的从业人员占总从业人员比重的上升。反过来,当经济增长依赖于高端产业结构的发展时,会引发劳动力质量的提升。高素质技术技能人才对加快产业优化升级、提高企业自主创新能力的引领作用越来越突出。

钱纳里等对世界各国经济增长的因素进行研究后,发现发达国家产业结构和劳动力结构的转换是基本同步的,而发展中国家产业结构转换要快于劳动力结构的转换。在中国,产业结构与劳动力结构之间的关系并不匹配，劳动力"过剩"与"短缺"并存，技能型人才供求不平衡。国内研究也显示了这点：清华大学和复旦大学合作完成的《中国劳动力市场技能缺口研究》报告中发现，中国技能型劳动者数量在全国就业人员中的占比较低。随着产业升级和现代服务业发展，高技能劳动力缺口日益扩大；人力资源与社会保障部的数据显示，技能劳动者数量目前只占全国就业人员总量的19%左右，高技能人才占5%，尤其缺乏节能环保、高端装备设计制作及新型信息技术等新兴产业的高层次技术技能型人才。

湖北省劳动力资源丰富，经济发展依赖于产业结构的提升，而产业结构的变化必然导致就业结构的变动，对就业会形成冲击。新兴产业的崛起会对高素质人才提出需求，而传统产业的调整会使得低素质的劳动力受到排挤。同时，当前国有企业去产能释放大量过剩劳动力、城乡新增长劳动力及农村剩余劳动力的转移，使湖北省就业形势、劳动力市场面临诸多新的问题。全面分析湖北省产业结构与劳动力就业结构变化趋势，探究推进劳动力结构与产业结构协同发展，并因势利导，实现产业结构转型升级，实现劳动力结构变动与产业结构调整和升级匹配，是非常有必要的。其意义在于推动湖北省的发展方式从规模速度型向质量效益型转变，发展动力从要素驱动向创新驱动转变。

本章的数据主要来自历年中国统计年鉴、湖北统计年鉴以及各州市的地方年鉴。考虑到数据的可得性与统计口径的一致性，除特别说明外，都依照当年价格为参考，不考虑通货膨胀的影响。由于恩施土家族苗族自治州、神农架林区、天门市、潜江市和仙桃市这几个地区的数据在很多统计年鉴上相应指标处于缺失状态，因此，在若干讨论中出于可比性的原因，没有考虑这些地区。从总体看，剔除这些地区或城市对整体研究结果影响不大。

二、湖北省及各州市产业结构分析

产业结构优化和升级一直是热门研究领域，也是实践部门关心的热门话题。产业结构对经济增长的贡献以及对经济规模和要素效率的影响是显著的。克拉克、罗斯托、钱纳里等许多经济学家都对产业结构变动与经济增长的内在联系做过研究。研究表明，相比发达国家，产业结构变动的作用对于发展中国家经济的发展贡献更加重要。国家层面的产业发展是由省级乃至微观层面的产业发展所构成的。掌握产业及产业结构现状，研究其变动的原因、规律和趋势，有助于制定科学合理的产业结构政策，促进产业结构合理化、高级化和高效化，继而进一步加快实现经济增长。

产业结构和劳动力结构之间具有较强的相关性，产业结构的状态是分析劳动力结构的起点和基础。当前湖北省在产业结构上的特点如下：

（一）从总量上看，湖北省的产业结构在向高级化方向演变

改革开放以来，在中国经济持续快速增长的宏观背景下，湖北省的经济社会也实现了快速发展。三次产业尤其是第二、第三产业迅猛发展，产业结构不断向高级化方向演变。

从总量上看，"五普"时的2000年，湖北省三次产业的产值分别为第一产业662.3亿元、第二产业1437.38亿元和第三产业1445.71亿元；到2016年分别为第一产业3499.3亿元、第二产业14375.13亿元、第三产业14423.48亿元。

2000年，第一产业、第二产业、第三产业所占的比重分别为：18.68%、40.54%、40.78%；到2016年第一产业、第二产业、第三产业所占的比重分别为：10.83%、44.51%、44.66%。从发展趋势来看，第一产业的比重在持续下降，第二产业和第三产业的比重在上升。2000—2016年的相关数据见图2.1，从数据上可以看到湖北省三次产业绝对值的变化情况。

以图2.1为基础，本研究计算出各年的增长速度（见图2.2），得出如下基本结论：

（1）2000—2016年，湖北省第一产业同比增长速度总体处在一个平稳区间，但是第二、第三产业均出现较大幅度变化。其中，2002—

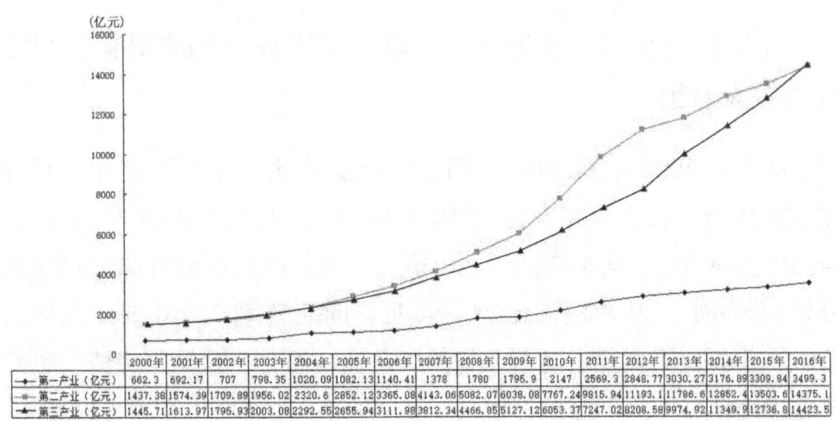

图 2.1 湖北省三次产业产值增长趋势

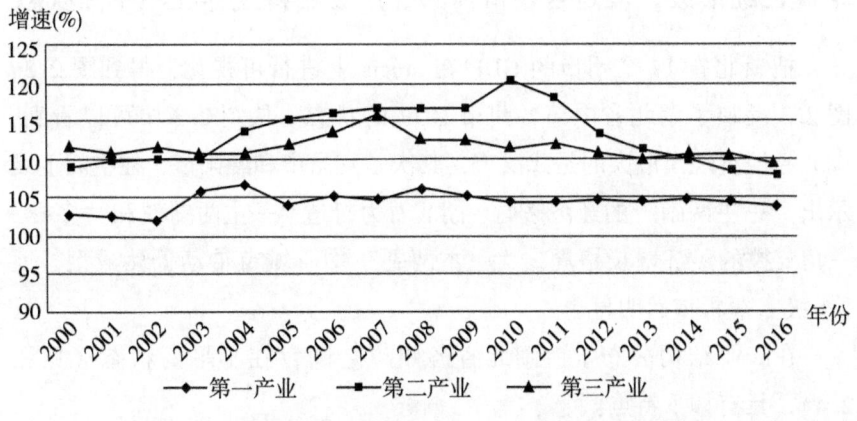

图 2.2 2000—2016 年湖北省三次产业增长速度趋势图

2014 年第二、第三产业的同比增长率均高于 10%，2010 年以前第二、第三产业处于快速增长区间。进入 2010 年之后，受国内外宏观经济形势综合影响，三次产业的增长速度均出现了一定程度的下滑，其中第二产业的增长速度下滑明显。

（2）相比较而言，2014 年以后，第三产业的增长速度要高于第二产业和第一产业，反映出近年来湖北省的经济结构"服务化"趋势明显,第三产业在经济增长中的贡献度在不断提升。

(二)与全国的情况对比,湖北省产业结构高级化方面还存在较大潜力

湖北从 2000 年到 2016 年间第三产业的比重增长不到 4 个百分点,2016 年湖北三次产业占地区总产值的比例分别为 10.8%、44.5%、44.7%,同期全国第一、第二、第三产业占全国 GDP 的比例分别为 8.6%、39.8%、51.6%。可见,湖北省第三产业要比全国的第三产业的比重要低。对湖北省的产业发展而言,这既是劣势,也意味着潜力。

(三)在湖北省的区域发展上,"一主两副"的区域发展格局已经形成,但是各州市内部在产业结构上存在不平衡状态

把湖北省 17 个州市的 GDP 在 arcgis 上进行可视化,得到图 2.3,图 2.3 反映了湖北省内部各州市 GDP 的状态。从图 2.3 中可以看到,湖北省经济规模最大的是武汉市,其次是宜昌市和襄阳市,在空间上展示出"一主两副"的经济格局。湖北着力打造"一主两副"和"多极"三角支撑的经济增长格局,"一主两副"中心城市带动俨然成型,但"多极"短板依然明显。

在产业结构分布上,湖北省各州市之间存在不平衡状态(见图 2.4),具有如下特点:

(1) 第一产业的比重普遍开始下降;第二产业的比重上升,占主要构成部分;第三产业的比重比第一产业高,比第二产业要低。由此形成了产业结构的"二三一"形态。

(2) 黄石等 8 个市的第二产业比重均超过 50%,十堰等三个市该指标也非常接近 50%,武汉和神农架林区是仅有的两个第三产业超过 50% 的地区。根据产业结构演变规律以及与东部沿海发达省份的产业结构比较,湖北整体要加快向产业结构"三二一"格局迈进,同时实现产业整体结构与各个产业内部结构的合理化与高级化。

第二章　湖北省劳动力在产业结构上的变动分析

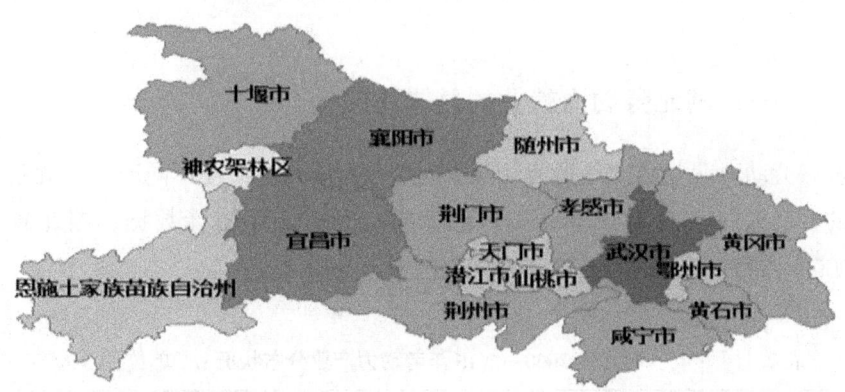

湖北2015年各州市地区产值（单位：亿元）
- 21　神农架林区
- 22~785　随州市、天门市、潜江市、仙桃市、鄂州市、恩施土家族苗族自治州
- 786~1591　十堰市、荆门市、孝感市、黄冈市、黄石市、咸宁市、荆州市
- 1592~3385　宜昌市、襄阳市
- 10906　武汉市

图 2.3　2015 年湖北省各州市 GDP 的分布状态

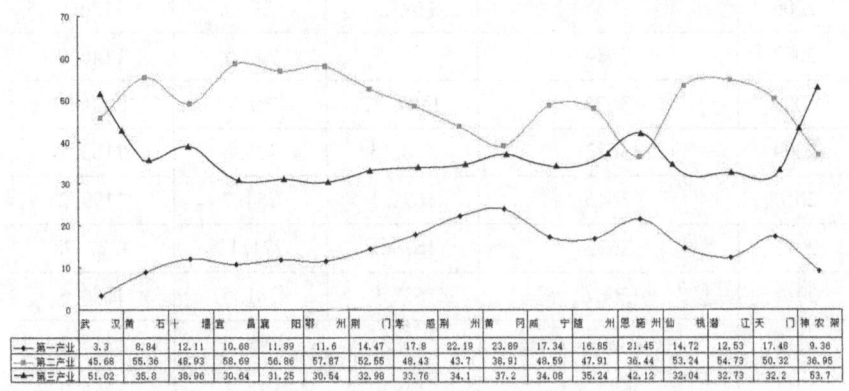

图 2.4　湖北省各州市的三次产业分布图（单位:%）

31

三、湖北省及各州市劳动力就业结构分析

（一）湖北劳动力就业的总体状况

劳动力就业结构是指劳动就业人口分布结构，即在不同产业中就业的劳动人口占总劳动就业人口的比重。根据历年统计数据，湖北省 2000—2015 年劳动力人口在产业上的分布见表 2.1。

表 2.1　湖北省 2000—2015 年劳动力产业分布状况　单位：万人

年份	全社会就业人数合计	第一产业	第二产业	第三产业
2000	3384.9	1625.1	702.4	1057.4
2001	3414.5	1639	706.8	1068.7
2002	3443	1652.6	704.1	1086.3
2003	3476	1661.5	712.6	1101.9
2004	3507	1672.9	720.3	1113.8
2005	3537	1687.3	725	1124.7
2006	3564	1694.7	732.4	1136.9
2007	3584	1697	740.1	1146.9
2008	3607	1707.91	730.42	1168.67
2009	3622	1702.3	736.6	1183.1
2010	3645	1691.1	754.7	1199.2
2011	3672	1678.1	771.12	1222.78
2012	3687	1638.9	781.6	1266.5
2013	3692	1582	793.8	1316.2
2014	3687.5	1487	834.3	1366.2
2015	3658	1404	834	1420

表 2.1 具有如下特点：

（1）湖北省劳动力就业变动趋势和全国的变动趋势基本保持一致，即第一产业劳动力就业的比例在不断下降，第二、第三产业就业比例在不断上升。

（2）从第一产业来看，湖北省就业比例要显著高于全国水平，2015年全国水平为28.3%，湖北省第一产业就业的比重为38.8%，比全国水平高了接近10个百分点；第二产业湖北省的就业比重要低于全国的平均水平。这反映出和全国平均水平比，湖北省的就业结构还存在转型的空间，劳动力还有向第二、第三产业转移的潜力。

（二）湖北省劳动力就业的结构分析

1. 劳动力就业行业分析

湖北省劳动力就业行业的排序情况见表2.2。所有数据来源于2008年、2012年和2015年《湖北统计年鉴》。在2008年湖北省就业数量的前三名是制造业、教育业和建筑业。随后在2012年和2015年，前三名的排名出现了变化。总体来看，制造业、教育业、建筑业以及公共管理和社会组织为主要就业行业，同时越来越多的劳动者进入金融业、科学研究、技术服务和地质勘查业、信息传输等高端服务业，说明湖北省城镇单位就业结构得到进一步优化。

表2.2　　　　湖北省劳动力各行业就业排序情况

	2008年	2012年	2015年
制造业	1	1	1
教育业	2	3	3
建筑业	3	2	2
公共管理和社会组织	4	4	4
交通运输、仓储及邮电通信业	5	7	7
卫生、社会保障和社会福利业	6	5	5
批发和零售业	7	6	6

续表

	2008 年	2012 年	2015 年
农林牧渔业	8	13	8
金融业	9	9	
电力、燃气及水的生产和供应业	10	8	9
采矿业	11	11	
科学研究、技术服务和地质勘查业	12	10	10
房地产		12	11
信息传输			12

2. 劳动力就业的区域分布

湖北省劳动力就业的区域分布情况见表 2.3。从表 2.3 可知,武汉市劳动力就业规模远远大于其他州市,为 544.92 万人。把劳动力在区域上的状态利用 arcgis 进行可视化,得到图 2.5。图 2.5 中,颜色越深的部分代表就业的人口数量越多。从图中可以看到,湖北省劳动力人口主要在武汉市和两个副省级城市上集聚。

表 2.3　　**2015 年湖北部分州市劳动力就业的区域分布表**　　单位:万人

地区	全社会从业人员数	第一产业	第二产业	第三产业
武汉	544.92	49.68	209.24	286
宜昌	218.2	58.9	68.7	90.6
咸宁	161.59	43.56	39.55	78.48
荆门	157.15	59.66	38.74	58.75
黄石	134.5	26.8	54.3	53.4
襄阳	98.9932	1.9321	49.6445	47.4166
孝感	81.513	0.7647	46.2423	34.506
鄂州	67.04	20.67	21.28	25.09
荆州	42.7767	1.4872	19.0375	22.252

续表

地区	全社会从业人员数	第一产业	第二产业	第三产业
随州	13.883	0.0609	6.6625	7.1596
神农架	5.5527	2.6693	0.6603	2.2231

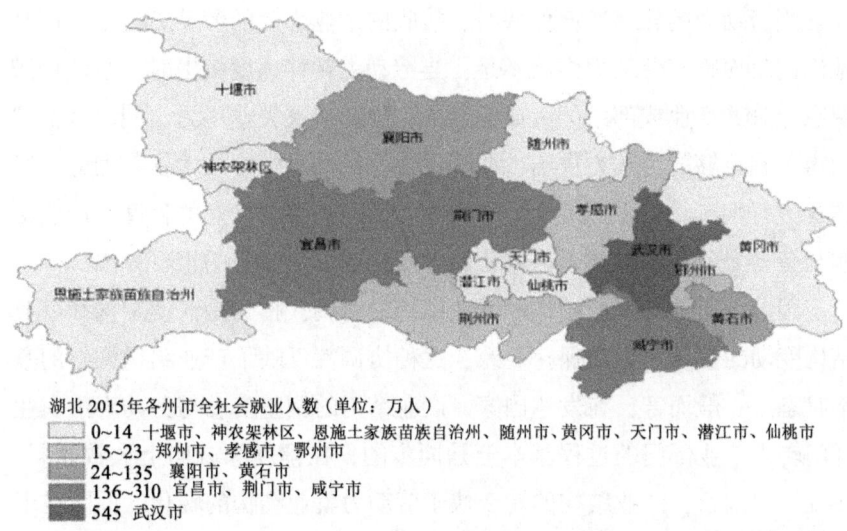

图 2.5　2015 年湖北省部分州市就业规模情况

各州市之间的就业结构存在较大差异。武汉、荆州、随州等第三产业的就业比例超过 50%；孝感、随州等第一产业的就业比例不到 1%；襄阳、孝感等第二产业就业比例超过 50%。

四、湖北省劳动力就业结构和产业结构协调性分析

（一）产业结构和劳动力就业结构协调性的含义

无论是处于竞争均衡的发达工业化国家，还是处于结构转型中的发展中国家，经济发展必然伴随着产业结构的调整，劳动力不可避免地在三次产业中发生转移，形成新的就业结构。随着经济的发展，劳动力从

第一产业向第二、第三产业转移是目前产业发展的一般规律。总体来看，就业结构变动会引发产业的调整和升级，产业的调整和升级也会引发劳动力就业结构的变化。在经济发展中，劳动力就业结构和产业结构之间必须保持一种协调发展的状态，劳动力转移也要与三次产业结构的变动保持一致。

当劳动力的转移速度偏快时，接收的产业部门的劳动力过多，而其他部门就面临着劳动力供给不足；当劳动力转移速度偏慢时，会使仍滞留在原来的产业或部门的人成为冗员，同样造成失业压力，同时其他部门得不到足够的劳动力供给，或者促使它们采取资本技术密集型的生产方式进行生产，减少对劳动力的吸收，反而加重了失业的程度。产业结构与劳动力就业结构的不协调是就业变化或失业变动的重要原因。

因此，所谓的产业结构和就业结构的协调，指的是产业结构和就业结构变动的幅度和方向保持一致，这种协调性反映了产业结构调整的基本状态。一般而言，在发达国家，产业结构的调整变动与劳动力由农业部门转入工业部门的过程基本上是同步的，在幅度和方向上大致相同。在发展中国家，产业结构的转变快于劳动力就业结构的转化。原因在于发展中国家能够快速吸引先进技术，提高资本有机构成，节约劳动，提高经济效益，致使产业结构的变化相对快些，但吸纳就业的能力相对不足。

为了度量就业结构和产业结构均衡性，在本研究中采用产业结构偏离度来进行衡量。产业结构偏离度是指三次产业增加值的比重与相应的劳动力比重的差异程度，公式为：

产业结构偏离度=地区 GDP 的产业构成百分比/就业的产业构成百分比-1。

产业结构偏离度绝对值越大，就业结构与产业结构越不平衡，产业结构的经济效益越低；若偏离度绝对值越小，则二者失衡度也越小，产业结构的经济效益也越高；当结构偏离度为零时，该产业的产业结构与就业结构总量上达到均衡状态，劳动力自动流向创造财富更多的产业。结构偏离度越接近零，该产业结构与就业结构就越合理。当结构偏离度大于零时,该产业就应该吸纳更多的劳动力,该产业存在劳动力转入的可能性较高,使产业的发展与就业吸纳能力保持一致;当其小于零时,意味着该产业劳动力已存在大量的隐性失业,解决的方法是促使劳动力从该产业流出,转移进入其他部门。产业结构总偏离度等于各产业的结构偏离度绝对值的总和,反映了经济发展、产业结构演变和就业人口转移总体的不协调程度。

(二) 湖北省产业结构和就业结构协调性的基本状态

一般而言,产业结构偏离度的规律是:随着经济的发展,第一产业结构偏离度由正偏离逐步缩小,第二、第三产业结构偏离度由负偏离向零逐渐靠拢,三大产业中的结构偏离度趋于均衡。当就业结构与产值结构相符时,偏离度为零,产业结构效益高,劳动者收入相对平均,社会更加公平。

根据产业结构偏离度的测算公式,运用1990—2015年湖北省三次产业产值与各产业就业数量等相关数据,计算分析湖北省26年来的三次产业结构偏离度,得到表2.4。

表2.4　　湖北省三次产业结构偏离度(1990—2015年)

年份	结构偏离度			总偏离度
	第一产业	第二产业	第三产业	
1990	-0.43	0.84	0.48	1.75
1991	-0.50	0.95	0.64	2.10
1992	-0.54	0.96	0.63	2.13
1993	-0.55	0.87	0.61	2.02
1994	-0.46	0.73	0.42	1.61
1995	-0.44	0.61	0.37	1.42
1996	-0.44	0.62	0.32	1.39
1997	-0.46	0.65	0.32	1.43

续表

年份	结构偏离度			总偏离度
	第一产业	第二产业	第三产业	
1998	-0.48	0.82	0.20	1.50
1999	-0.58	0.96	0.25	1.79
2000	-0.61	0.95	0.31	1.87
2001	-0.63	0.96	0.33	1.92
2002	-0.65	0.99	0.35	1.99
2003	-0.65	1.00	0.33	1.91
2004	-0.62	1.01	0.28	2.04
2005	-0.66	1.11	0.27	2.11
2006	-0.68	1.15	0.28	2.11
2007	-0.69	1.15	0.27	2.10
2008	-0.67	1.22	0.22	2.21
2009	-0.71	1.29	0.21	2.21
2010	-0.71	1.35	0.15	2.20
2011	-0.71	1.38	0.11	2.16
2012	-0.71	1.37	0.07	2.06
2013	-0.72	1.21	0.13	1.91
2014	-0.71	1.07	0.12	1.82
2015	-0.71	1.00	0.11	1.91

从表2.4中，可以看出湖北省产业结构和就业结构协调的基本趋势：

（1）第一产业结构偏离度为负值，且绝对值随着时间总体呈扩大趋势，负偏离距离零值渐远。其中，1990年为-0.43，2000年为-0.61，2015年为-0.71，第一产业产值比重小于就业比重，这说明第一产业的产业结构与劳动力就业结构不均衡，而且近年来二者的匹配程度没有得到实质性的提高。虽然每年有部分剩余劳动力被转移出去，但农村中依然存在着大量的隐性失业者，第一产业劳动生产率相对较低，转移剩余劳动力仍存在较大压力。

（2）第二产业结构偏离度为正，呈现波动变化趋势，1990—1995年波动下降，产业结构和就业结构不匹配的程度在降低；1996—2011年波动上升，达到研究时段的峰值1.38；2012年至今，再次波动下降，不协调问题明显得到改善。这一变化是国家政策引导、国有企业改革以及国际经济形式等多种因素综合影响的结果，但同时也说明第二产业依然是吸纳劳动力的主要场所，具有巨大的就业潜力。

（3）第三产业为正偏离，总体呈波动下降趋势。与第二产业相比，第三产业的偏离度偏小并趋向零值，一方面说明第三产业的产业结构与就业结构的均衡度优于第二产业，经济效益较好；另一方面也说明，第三产业内部不同的行业对劳动力的吸纳也因行业的差异表现出有差别的吸纳能力，第三产业中劳动力的吸纳空间变小了，表明只有采取多种措施大力发展现代服务业，第三产业在未来对劳动力的吸纳能力才会有较大的提升空间。

（4）产业结构总偏离度总体变化不大，反映出经济社会发展过程中，产业结构与劳动力就业结构在整个经济周期中不协调是一种常态。

上述情况表明：湖北省第一产业存在较大剩余劳动力转移压力，第二、第三产业的就业吸纳空间与能力不足；第一产业劳动力所占比重偏高，第二、第三产业就业比例偏低，劳动力向第二、第三产业转移速度缓慢。

（三）湖北省主要城市产业结构和就业结构协调状态分析

1. 2000年湖北省主要城市的三次产业结构偏离度

依据产业结构偏离度的公式，计算所得湖北省主要城市产业结构偏离度参数见图2.6（由于数据获得性问题，没有包含恩施土家族苗族自治州、神农架林区、潜江市、仙桃市、天门市的数据）。

从图2.6可以看出，在2000年，鄂州、咸宁和随州的第一产业偏离度非常大，说明这三个城市的第一产业中产业和就业之间存在严重的

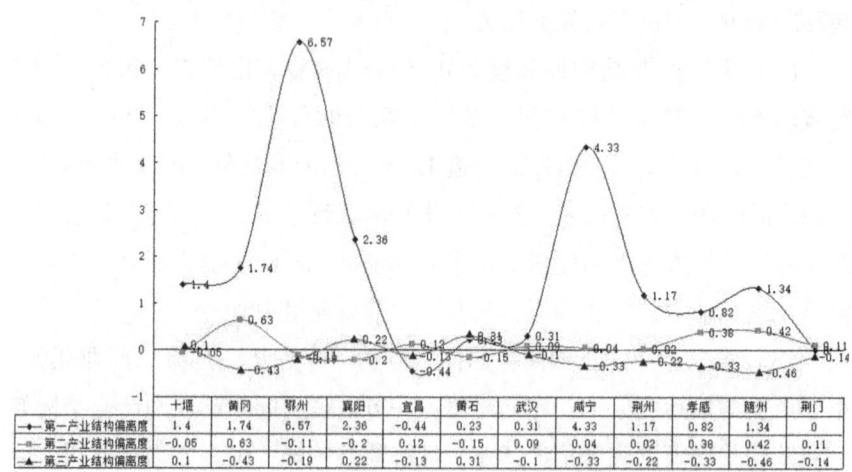

图 2.6　湖北主要城市 2000 年三次产业结构偏离度

不匹配。特别是鄂州，第一产业偏离度达到了 6.57。

第二产业的偏离度都比较小，说明湖北省第二产业中产业结构和就业结构相对协调。

第三产业中随州、黄冈、宜昌的偏离都相对较大，说明这三个城市的第三产业中存在劳动力隐性失业的问题，就业人口需要往第一、第二产业进行适当转移。

2. 2010 年主要城市三次产业结构偏离度

根据《湖北统计年鉴（2010）》的数据，计算湖北省主要城市 2010 年的三次产业结构偏离度，得到表 2.5。

表 2.5　湖北主要城市 2010 年三次产业结构偏离度

	第一产业结构偏离度	第二产业结构偏离度	第三产业结构偏离度
十堰市	4.11	0.01	-0.04
黄冈市	10.9	0.25	-0.35
鄂州市	80.38	-0.11	-0.16

续表

	第一产业结构偏离度	第二产业结构偏离度	第三产业结构偏离度
襄阳市	5.29	0.1	-0.23
宜昌市	12.39	0.07	-0.22
黄石市	6.09	-0.07	0.12
武汉市	2	0.02	-0.02
咸宁市	21.98	0.64	-0.45
荆州市	-0.27	0.1	0
孝感市	0.62	-0.19	0.16
荆门市	6.96	0.39	-0.41

从表2.5中，可得出如下直观结论：

（1）鄂州、咸宁、宜昌和黄冈存在第一产业偏离度过高的现象。说明这些地方的第一产业劳动力投入不够，可以吸引更多劳动力。

（2）湖北省主要城市的第二产业和第三产业的偏离度都已经接近于0了。说明湖北省主要城市在第二产业和第三产业上，产业结构和就业结构之间出现了协调发展的状态。

3. 2015年湖北省主要城市的三次产业结构偏离度

2015年湖北省主要城市的三次产业结构偏离度计算结果见表2.6，直观展示如下结论：

表2.6　　湖北主要城市2015年三次产业结构偏离度

	第一产业结构偏离度	第二产业结构偏离度	第三产业结构偏离度
十堰市	2.95	0.06	-0.13
黄冈市	4.77	-0.26	0.28
鄂州市	231	0.05	-0.09
襄阳市	28.04	0.14	-0.32
宜昌市	9.34	0.3	-0.39

续表

	第一产业结构偏离度	第二产业结构偏离度	第三产业结构偏离度
黄石市	17.4	−0.05	0.06
武汉市	0.72	−0.03	0.02
咸宁市	28.03	0.34	−0.43
荆州市	8.9	0.05	−0.23
孝感市	61.28	−0.14	−0.07
荆门市	8.9	0.19	−0.26

（1）在第一产业结构偏离度方面，鄂州、咸宁、孝感的第一产业结构偏离度比较大。例如鄂州，产业结构偏离度达到了231，说明在鄂州农业领域大量缺乏劳动力，劳动力结构和产业结构之间严重不匹配。

（2）在第二产业和第三产业结构偏离度方面，湖北省主要城市第二产业和第三产业结构偏离度都接近于0。说明第二、第三产业在产业结构和就业结构方面已经非常匹配、协调了，出现了产业结构和就业结构协同发展的局面。

4. 2000年、2010年和2015年湖北省产业结构偏离度的对比分析

通过对比2000年、2010年和2015年湖北省主要城市三次产业结构偏离度数据，可以得出如下结论：

（1）总体来看，湖北省的第二产业和第三产业结构偏离度都在好转，2000年的第二产业和第三产业结构偏离度距离0轴还有很大的距离，但是到了2010年和2015年，湖北省的第二产业和第三产业结构偏离度都开始接近0，说明第二产业和第三产业在产业结构和就业结构上开始相互匹配。

（2）主要城市的第一产业正偏离幅度依然巨大。这在一定程度上反映出，第一产业相对劳动生产率的提高导致就业吸纳能力增强，存在转入劳动力的可能。

（3）从具体城市的状况来看，主要城市第一产业结构偏离度一直处于波动状态之中。例如鄂州市，在2000年，第一产业结构偏离度是

6.57；到了2010年，第一产业结构偏离度是80.38；到了2015年，第一产业结构的偏离度达到了231。这种产业结构和就业结构的严重偏差，需要引起有关部门的注意，并采取政策措施对就业进行引导，促进第一产业的发展。在咸宁市也出现了类似的问题，只是程度比鄂州稍微弱一点，也是第一产业结构偏离度不仅没有减少，还出现增加的趋势。

(4) 从2000年、2010年、2015年的计算结果来看，湖北省主要城市在第二和第三产业获得均衡发展的同时，第一产业劳动力就业数量远远不足，城市周边的集约化、特色化农业有潜力成为劳动力净流入的部门。由于第二、第三产业部门实现了相对均衡的发展，这也暗示了这两个产业部门的就业吸纳空间有限与现实中就业压力的部分成因，需要进一步发展这两个部门，特别是现代服务业，要将其打造成为"就业吸纳器"，促进更多新增劳动力向现代服务业等部门流动与转移。

五、政策建议和对策

（一）基本研究结论

通过对湖北产业结构、劳动力就业结构的横向与纵向比较，得出基本结论：（1）湖北的产业结构、劳动力就业结构演变要落后于全国平均水平，经济重型化倾向明显，经济服务化程度相对较低，限制了第三产业就业潜力的释放；（2）产业结构与劳动力就业结构不协调问题普遍存在于第一产业之中，湖北第二、第三产业结构与劳动力结构在波动中趋于平衡。

（二）政策建议和对策

针对上述基本结论，为了实现湖北各州市产业结构与劳动力结构的协调发展，推进调整产业结构与增加就业协同并进，变被动消除失业问题为主动扩大就业，增进第二产业和第三产业对劳动力的吸纳能力，有关建议和对策如下：

(1) 加强职业教育培训,提高人力资本的质量,重点培育应用型人才。产业结构调整会对劳动力质量提出更高要求,而劳动力结构优化又会推动产业结构调整,是产业结构调整得以实现的原动力。因此优化劳动力结构,提高人力资本质量,促进劳动力在三次产业间的流动尤为重要。减少结构性失业的问题实际上是解决就业结构对产业结构变动的适应性问题,关键在于加大教育培训力度,使劳动者尽快完成自身知识结构的调整以适应产业调整的需要。这主要包括:调整大学课程设置,提高大学教育质量,把过去重知识本身的高学历思维模式变为重视实际生产服务能力的教学模式,培养出符合产业结构优化所需要的不同层次、不同方向的人才;重视职业教育培训,全面提高劳动者素质,着力培养年轻劳动者的职业精神、技术技能和创业能力,提升劳动者人力资源的整体素质;重视职业培训,尤其是对农村剩余劳动力的培训,帮助他们提高文化和技能素质,增加他们参与竞争就业的能力,使他们适应技术升级和产业提升的需要。

(2) 优化第三产业内部结构,大力发展现代服务业,促进劳动力资源合理流动。第三产业的发展水平和发展层次是衡量区域经济发展水平和人民生活质量的重要标志,因此要加快发展就业弹性高的金融保险、商贸物流、邮政、房地产、交通运输、旅游文化等产业;要在巩固发展传统服务业(如餐饮、批发和零售)的同时加大力度培植和引导知识密集型服务业(如信息产业),发展科技含量、附加值高的技术服务、信息传媒、咨询设计、文化创意、职业培训等现代服务业,逐渐提高生产性服务业、高端服务业的比重,提高第三产业发展质量,加快实现产业结构高级化与合理化,使第三产业成为就业的主力军;要逐步优化第三产业内部结构,将第三产业由以生活服务型为主转变为生活服务和生产服务并重,使之与第一、第二产业协调发展,形成合理的规模和结构,不断增强吸纳劳动力的能力。

(3) 推进工业转型升级,提高发展质量,优化第二产业劳动力结构。改造提升传统优势行业,提高经济增长质量,利用网络化、智能化改造提升传统优势行业,在优势产业领域加快培育功能互补、协作有序的产业集群，促进生产要素有机结合，形成适应产业发展、分工明确、协作配套的产业集聚区。对产能过剩、消耗较高的钢铁、煤化工等行业要优化存量，提高产能利用率。只有工业质量提高了，产值上升了，才能提升容纳劳动力的空间，促进劳动力结构的优化。要调整重化工业与轻工业比例关系，建立军转民平台、科研院所与市场（企业）对接平台，以科技优势促进产业结构升级，形成产、学、研良性互动机制，使生产要素合理流动，劳动者充分就业。

（4）健全农业转移人口流动的机制，提高农业生产绩效。第一产业比重已经保持在较低的水平，产业发展要注重挖掘新优势，更加注重提高农业劳动生产率，通过技术创新与制度创新来处理好剩余劳动力的内部消化和外部转移问题。湖北要加快改革户籍制度和居住证制度，增加农村公共物品供给，破解城乡二元结构问题，打通居民在城乡之间的迁徙、就业、居住、医疗、教育、社保等一系列制度性障碍，推动农村剩余劳动力向第二、第三产业转移，消除隐性失业现象；加快土地流转，使农业向规模化、集约化、生态化经营转变，提高土地生产率和劳动生产率；政府应该在增加农民收入、保证粮食安全方面加大财政投入，运用多种手段和措施，保护农民生产积极性，让懂农业的农民自愿留在农业，稳定农业生产，提高农业发展质量。

（5）加速城市化发展，拓展产业空间，增强产业发展对于劳动力就业的带动作用。城市化的发展是产业结构空间布局的重要内容之一。在产业结构的调整过程中，城市化的推进对第一产业的优化、第二产业的提升以及对第三产业的带动作用十分明显，而产业结构的合理调整又对城市化的发展起着积极的促进作用。湖北省产业结构转换滞后，突出的一点就是城市化滞后于工业化，限制了城市就业空间的拓展。因此，构建中三角城市群，大力发展城市化是改善我省就业状况的有效途径。

（6）大力促进中小企业的发展，完善产业组织结构，夯实微观就业基础。中小企业是在市场取向改革中发展起来的，大多是非国有企业，主要集中在第二、第三产业，在创造就业方面具有成本低、吸纳就业人口多、经营灵活的特点，并且其就业与工资决定属于市场行为。首先，其就业吸纳乃至产业选择都是从劳动力资源丰富的特点出发。改革开放以来，劳动力转移障碍减少，在农村长期滞留的大量剩余劳动力开始在城乡之间大规模流动，面对这类大量低成本的劳动力供给，市场化的就业决定本身就具有创造就业的功能。其次，这些企业是在计划控制之外发展的，无需承担吸纳超出需求的劳动力的责任；而且除了市场水平的工资外，这类企业大多不额外承担职工其他福利保障，因而没有收入分享机制，工资水平完全根据特定行业的企业对于劳动力的需求，以及符合需要的劳动力的市场供给决定。最后，针对中小企业的措施，其福利效果超过其经济效率，对微型企业的支持是帮助贫困者和为弱势群体提供就业机会的措施。

◎ 参考文献

[1] 鲍春阳. 中国产业结构与就业结构的关系研究 [D]. 吉林大学学位论文，2017.

[2] 陶桂芬，方晶. 区域产业结构变迁对经济增长的影响——基于1978—2013年15个省份的实证研究 [J]. 经济理论与经济管理，2016 (11).

[3] 丁海燕. 就业结构与产业结构的协调性分析——基于广东数据的实证研究 [J]. 现代管理科学，2017 (4).

[4] 徐顽强，薛亦丹，张红方. 中国产业结构与就业结构协同推进研究 [J]. 武汉理工大学学报（社会科学版），2016 (5).

[5] 邹璇，黎恢富. 制造业产业结构与就业结构的协调性研究 [J]. 工业技术经济，2016 (8).

[6] 尚斌斌. 湖北省就业结构与产业结构偏离研究 [D]. 华中农业大学学位论文，2016.

[7] 王莎. 四川省产业结构对劳动力就业结构作用的研究 [D]. 西南石油大学学位论文，2016.

[8] 杨文骏，房颖. 辽宁省产业结构及政策分析——基于配第-克拉克

定理［J］．全国商情（经济理论研究），2016（6）．

［9］景建军．中国产业结构与就业结构的协调性研究［J］．经济问题，2016（1）．

［10］尹秀芳．劳动力转移的结构红利效应研究［J］．经济问题探索，2016（1）．

［11］郭枫玥．就业结构、产业结构与就地城镇化［D］．安徽财经大学学位论文，2015．

［12］李新运，徐瑶玉，王圆圆．中国产业结构与就业结构协调性分析［J］．山东财经大学学报，2015，27（3）．

［13］唐亚平．湖北省产业结构与就业结构的实证分析［D］．云南大学学位论文，2015．

［14］郭佩颖．产业结构变动与经济增长的收敛性［D］．吉林大学学位论文，2013．

［15］刘潇琦．山东省产业结构调整与劳动力结构优化的互动关系研究［D］．青岛大学学位论文，2012．

［16］李丽萍，黄薇．武汉市产业结构的偏离度趋势［J］．统计与决策，2006（8）．

第三章　湖北省劳动力在空间地域上的变动分析

一、提出问题

20 世纪 80 年代中国家庭联产承包责任制的实施，调动了劳动生产积极性，在极大地提高了农业劳动生产率的同时，也让农业剩余劳动力开始显性化。大量农业剩余产品和农业剩余劳动力的出现，为中国轻工业的发展提供了机遇。随着后来中国乡镇企业的大发展，农村剩余劳动力人口开始向工业领域转移。这种转移经历了从最开始的"离土不离乡"的本地转移，到 20 世纪 90 年代沿海地区依托对外贸易的加工业和制造业发展后，无数劳动力开始"离土又离乡"的异地转移两个阶段。特别是"离土又离乡"的异地转移，在 1990 年前后，形成了蔚为壮观的中国"民工潮"的现象。

进入 21 世纪以来，随着中国西部大开发、中部崛起、东北老工业基地振兴等一系列战略措施的实施，中西部地区也开始崛起，沿海地区对劳动力的吸引力逐渐减弱，出现了大量劳动力从东南沿海地区回流到中西部地区的趋势。

劳动力在中国大地上的流动，对于经济增长、要素的合理配置都有着重大的作用。但是近年来，在中国经济从粗放型经济向质量型经济转型，产业从低级向高级转型的阶段，劳动力体现出与以往截然不同的运动过程，表现出不同的特征和特点。

湖北省是中国中部地区人口大省，随着全国经济结构和产业结构的转型升级，湖北省的经济结构转型和产业调整也是势在必行。湖北省劳动力在地区结构、产业结构和城乡结构上发生相应的变化，这种经济结构的转型必然引发劳动力在空间上的重新布局。湖北省的人口流动状态也与以往存在着显著的差别。

根据湖北省人口普查资料，湖北省的流动人口基本情况可以见表3.1。

表3.1　　　　　　　湖北省流动人口的基本状况　　　　　单位：万人

项目	2000年	2010年
流动人口总数达	1617.24	1913.83
流入人口	594.75	988.81
流出人口	1049.49	925.02
省内流动人口	706.51	823.66
流向省外的人口	315.98	101.36

在表3.1中，湖北省的流动人口2010年比2000年呈现上升的趋势。其中2010年与2000年相比，流入人口呈现上升的趋势，流出人口呈现下降的趋势。这种数据的变动表明，湖北省的流动人口在发生结构性的变动，劳动力在空间上进行着重新布局。

以上简单展示了湖北省劳动力流动的基本情况，那么更加细致地分析，湖北省劳动力在空间流动的规律是什么？流动劳动力的特征，包括生理特征、社会学特征是什么？它给湖北省产业结构的调整带来哪些积极的或者消极的影响？这些是理论工作者与实践者关注的重点。

这类研究具有现实意义。因为从总体看，劳动力供给不足已经成了中国的一个普遍现象，湖北省也面临着"民工荒"问题。对于流动人口变动特征的研究，有助于发现劳动力流动的一般规律，进而采取有效措施，充分利用劳动力流动的积极方面，克服劳动力流动的消极影响，这对于湖北省经济结构的调整和产业结构的升级都是大有裨益的。

因此，分析湖北省劳动力的空间地域变动规律，有助于认清劳动力供求关系的新变化，理清劳动力流动对湖北省经济发展的重要影响；有利于湖北省改善劳动力发展环境，积累丰富的人力资源，进而促进地区经济发展。具体来说，分析湖北省劳动力的空间地域变动有如下理论和现实意义：

（1）劳动力空间地域流动是湖北省经济发展和产业结构转型升级的重要环节和必然结果，作用重大，值得研究。劳动力流动是一种人力资本投资方式，是影响经济增长的重要决定因素。随着经济结构从以农业为主导的经济增长依次转变为以轻工业、加工业、制造业、重化工业和现代服务业为主导的经济增长，劳动力也对应地表现出从农业单一人口向工业人口再逐步向现代服务业人口分流和转型的产业结构调整过程。在地域上，劳动力会从农村向城市、从中西部向东部、从欠发达地区向发达地区流动和迁移。劳动力的空间地域变动会对流入地和流出地的经济增长方式、收入水平以及区域间发展差距的变化产生重大影响，也会对劳动力资源效率、技术水平和收入水平的有效提升产生作用。劳动力在地域上进行重新配置的过程，是资源重新配置的一个环节，也是湖北省经济结构调整的重要构成部分，在理论领域需要进行前瞻性分析。

（2）劳动力在空间地域上的变动为湖北省未来经济发展提供了新的方向，系统总结这种变动规律能够更好地制定湖北省未来经济发展的战略。劳动力在空间地域上的新变动反映出在劳动力成本上升的基础上，劳动力市场供求关系格局在空间地域上的新变化，预示着中国经济社会发展新阶段的到来，决定着中国经济可持续发展的时间和空间。尽管劳动力大量回流，为劳动密集型企业提供了充足的劳动力，但是在产业结构的转型升级中，湖北省仍然面临着高新技术人才和专业技术人才的不足，难以适应知识经济增长的需要，不利于湖北整体及各地区的经济发展。湖北省必须转变廉价劳动力驱动下的经济增长方式，培育和吸引更多高科技人才，倒逼企业研发新技术、利用新技术、推广新技术，推动产业结构高级化。因此，随着中国经济第三产业比值逐步超过第二产业比值，湖北省要在空间上和产业结构上重新优化配置劳动力资源，加强人力资本投资，提高劳动者的素质和能力，依靠人力资本质量和技术进步，使经济发展战略从要素驱动、投资驱动向创新驱动转变。对于湖北省内经济发达地区，可以大力发展战略性新兴产业、先进制造业和现代服务业，培育新的内生经济增长源，减少对低技术水平劳动力的依赖，加大对劳动力的技能培训，加快结构调整与产业升级；对于湖北省内经济欠发达地区，可以发挥劳动力资源丰富的比较优势，加快发展劳动密集型产业，加速农村剩余劳动力的流动，促进当地经济发展和城镇化进程。

（3）劳动力在空间地域上的变动趋势及这种变动对区域经济发展的影响，是湖北省经济发展和产业结构转型升级理论与实践所面临的一个重要问题。通过对劳动力变动有关的理论和实践进行梳理和总结，分析其影响的内在机制，有利于判断湖北省未来经济发展趋势，为区域经济发展和产业结构升级政策的制定提供建议。从理论上看，区域经济的发展离不开劳动力、资本、技术等生产要素，劳动力要素在空间地域上的自由流动和再配置，能够确保实现技术与经济的良性匹配，提高劳动力生产效率，从而促进区域经济的发展。从实践上看，劳动力从东部沿海地区逐渐向中西部地区回流，使国内产业空间布局与人口空间分布发生重大变化，为东部沿海地区优化资源配置和加快产业升级创造了条件，也为中西部地区引入产业资源和扩大投资规模带来了机遇。因此，湖北省应牢牢抓住劳动力要素聚集带来的规模经济效益，进一步完善劳动力市场和劳动力流动机制，吸引省外及周围地区的人才、资金、技术等生产要素进一步集聚，为更多的劳动力创造就地就近创业、就业的岗位和环境，把推进区域经济发展和优化区域产业结构布局统一起来，从而促进本省经济高速发展，带动产业结构转型升级。

二、湖北省劳动者空间地域流动动因的因素分析

劳动力在空间上流动的动因在哪里呢？经济学家对此进行了一些探讨，为我们探究湖北省劳动力流动的动因提供了有益的线索，也为对湖北省劳动力空间地域流动的状态进行实证分析提供了依据。

为什么会出现人口的迁移现象？人口的迁移是否为盲目无序的？列文斯坦（E. G. Raven Steun）于1889年提出了人口迁移的几大规律，是对移民特征及其迁出地、迁入地的广泛概括，主要包括：（1）经济规律，迁移主要是为了改善生活质量；（2）城乡规律，乡村居民比城市居民迁移的可能性更大；（3）性别规律，短距离迁移以女性为主；（4）距离规律，迁移人口的数量随着迁入地与迁出地之间距离的增加而减少，但是交通工具的日益完善使得两地相对距离缩短而有助于增加迁移量；（5）双向规律，迁出地的外迁过程中伴随着回迁，具体讲就是每一支从乡村（城镇）到城镇的迁移流产生了一支反方向的由城镇到乡村（城镇）的迁移流。唐纳德·博格（D. J. Bogue）在1969年提出了推-拉理论，该理论有三个假设前提：一是迁移行为是一种理性行为，迁移者做出迁移决定是为了追求物质利益的最大化。二是迁移是在对迁出地与迁入地的成本收益进行比较的前提下作出的迁移决策，迁出地的推力主要指不利于在农村生活、生产的恶劣条件，包括耕地减少、存在剩余劳动力却无就业机会、基础设施条件差导致的生活水平低、收入水平低，即这里所提到的将居民从居住地"推"到迁入地的因素只包含迁出地恶劣的生活和生产条件；吸引迁出地居民到迁入地的拉力主要包括更高的收入水平、更多的就业机会、更好的生活条件等。当迁入地的拉力大于迁出地的推力时，迁移行为就会发生。

E. S. Lee 梳理出了完整的推-拉理论。他提出，无论是在迁出地还是迁入地都存在三种因素，即拉力、推力和中间障碍。第一，迁出地对迁移的人口同时存在着推力和拉力。迁出地的推力主要有自然资源匮乏、交通不便、收入水平低等；迁出地的拉力主要有熟悉的社会关系、

安定的生活。第二，迁入地对迁移人口也同时存在着推力和拉力。迁入地的拉力主要有更便捷的生活条件、更多的就业机会、更好的教育资源、医疗资源等，迁入地的推力主要是对陌生环境的适应及不稳定的生活地点等。第三，在迁出地与迁入地之间存在着中间障碍，主要是指两地之间的交通状况、迁移费用等。Lee 的推-拉理论不仅仅是对人口迁移理论的一个阶段性的历史总结，而且为之后的人口迁移研究提供了一个理论框架，之后的学者们在对各个国家及区域范围内的劳动力迁移进行研究的过程中，往往通过寻找迁出地的"推力"因素和迁入地的"拉力"因素，即在推-拉理论框架内加入影响劳动力迁移的各种因素来阐释劳动力转移现象。

基于经典的推-拉模型，结合湖北省当前的劳动力流动情况及城市化背景，湖北省劳动力流动的因素包括迁出地推力因素和迁入地拉力因素。

（一）迁出地的推力因素

（1）劳动生产率的提高。著名的拉尼斯-费景汉模型指出，农业部门劳动力进入工业部门的前提条件即为农业部门劳动生产率的提高，产生了隐性失业者。由于边际生产率递减，农业总产出在达到一定值后，即便增加劳动力，农业总产出也不再增加。增加的这一部分劳动力的边际生产率等于 0。因此这一部分不再创造新价值的劳动力，在拉尼斯-费景汉模型中被称为"多余劳动力"。而由于劳动生产率的提高而增加的农业剩余被认为是工业部门扩张及农村剩余劳动力向城市工业部门流动的决定性因素。劳动生产率的提高一般是由于农业生产技术的进步，例如农业机械化水平的提高、农业种植技术的突破等。湖北省乡城劳动力转移速度比较快的迁出地，基本上农业生产力水平都比较高，正是较高的农业生产水平，才为城市工业的发展提供了源源不断的劳动力。而反观那些城镇化滞后于工业化的地区，大多因忽视农业物质的投入而阻碍了农村剩余劳动力的转移。相比于"五普"时期，随着经济体制的改革和城镇化进程的加速，湖北省农村劳动生产率进一步提高，大量农村剩余劳动力向城市转移的趋势已经势不可挡。

（2）人均耕地面积少。家庭联产承包责任制大大提升了农业生产力，由于耕地是农民获得收入的最基本的生产资料，耕地的减少或丧失，直接关系到农民的生存状况。耕地面积对于劳动力流动的影响机制更为直接，农民由于主观因素（转让）或客观因素（被征用）导致耕地面积的减少或丧失，不断增长的农业人口与减少的耕地必然发生冲突，冲突的结果就是产生无地可种的剩余劳动力。比如在英国，著名的圈地运动感产生了大量的失业农民，这些失地农民被迫流入城市，被当时的英国政府当作"流浪汉"对待，产生了一系列的问题。直到工业革命爆发，城市工业部门的发展产生劳动力的需求，才逐渐将这些失地农民吸收。湖北省耕地面积的不断减少迫使农村剩余劳动力从农村的传统农业部门转入城镇的非农产业部门中去。但是，家庭联产承包责任制在促进农业生产力提升的同时，也与湖北省的经济发展产生了一些矛盾，表现在：一是个体经营与规模化生产的矛盾。对湖北省众多地区的农民而言，人均耕地面积减少，加上农业生产资料价格高、农产品价格低等原因，农民种地的收益并不高。但由于没有其他生活保障，土地仍是农民的最后一根稻草。造成的结果是，农民不会放弃自己的土地，但也不对土地进行"长期投资"，造成土地撂荒现象严重，而城市化的发展需要农村释放出大量的剩余劳动力以满足城市工业的发展需求，农业的现代化发展也需要农村土地的集约发展。二是流转过程没有法律制度的规范。在欠发达县域及乡镇，土地流转机会和收益低，农民外出打工，土地无人耕种或进行兼业经营，流转协议多以口头方式进行；在发达县域及乡镇，土地转卖的机会收益高，农民放弃耕种，坐地收钱，政府把农民的地低价收进，高价卖出。

（3）农村收入水平低。收入水平低可能是推力中最直观的因素。在推力因素中，我们所谈到的农民收入低主要是指其在传统农业生产中所获得的收入不能维持良好生存状况。在这里所涉及的低收入水平是与城市高收入相对比的结果，也即所谓的相对低收入。当农民通过传统农业获得的收入不能满足其生存状态或支出时，就开始考虑放弃传统农业,而转入城镇中的非农产业中去。造成农民收入水平低的原因主要有:一是粮食的供给是相对充足的,而需求相对稳定。随着农业科学技术的发展,粮食亩产量得到了大幅度提升,而且还可以通过国际市场进口质优价廉的粮食产品,因此供给是充足的。而根据经济学原理,当人们收入水平提高时,食品在生活支出中的比例是相对减少的,也就是说在人口保持正常增长率的情况下,需求相对稳定。这就会造成粮食价格不高,农产品收入水平不高的结果。而且从本质上来说,农产品由于所含附加值低,其创收能力相比附加值高的工业产品来说要低得多。二是结合湖北省具体情况,湖北省的人均耕地面积少,在"一亩三分地"种植并不能产生多大的经济收入,而农民在农业生产、生活、子女教育、医疗等方面的支出却不断增加,其收入不能满足支出需要。为了弥补收支缺口,农村劳动力到城市工业部门获取收入。同时,与绝对收入差距相比,相对收入产生的剥夺感同样对农村剩余劳动力的转移产生影响。根据相关学者的研究,转移劳动力主要来自于低收入地区,但并不是最低收入户。主要原因是,收入最低户的相对剥夺感比较强,但由于支付不起必要的迁移成本,或由于长期贫困缺乏必要的人力资本积累而导致未发生迁移。因此,收入中等、相对剥夺感强的农民,由于可以支付迁移成本而发生劳动力流动的可能性最大。

(4)教育等资源匮乏。当人们解决最基本的生存问题后,就开始注重个人的人力资本积累,而教育是人力资本积累的重要途径之一。当一个地区缺乏教育资源时,人们就可能从缺乏教育资源的地区转移至教育资源相对丰富的地区,因此农村教育资源匮乏的状况也成为推力之一。造成农村地区教育资源相对匮乏的原因有:一是体制机制问题。教育方面有典型的城乡二元烙印,即义务教育实行"分级办学,地方为主"的管理制度,城市教育资金由城市财政提供,乡村教育资金由乡镇政府及县政府提供。在这种教育投入机制下,农村教育资源必然落后于城市。二是部分政策在落实阶段出现问题。2001年对农村中小学重新布局的教育改革被称为"撤校并点"。政策的初衷是为了整合教育资源,提高乡村地区的教育质量,但在实施过程中,大量乡村地区的适龄儿童不得不到距家较远的地区上学，而不得不举家迁移到小城镇中。当一个地区有迁移经验的人越多，则该地区的迁移网络社会关系越广泛，越有助于本社区内劳动力的迁移。湖北省农村劳动力转移的主要渠道就是跟随曾经在城市打工的农民一起迁移，或者由在城市中工作的老乡介绍进入城市。

（二）迁入地的拉力因素

（1）就业和收入的吸引。无论是拉尼斯-费景汉模型还是托达罗模型，都强调了城市工业部门与乡村传统农业部门的工资率的区别对于劳动力流动的重要作用。相关调查问卷显示，城市中的高收入水平的吸引在众多导致劳动力流动的因素中排名第一。托达罗模型与现实更为接近的一点是在城镇存在失业的情况下，将就业概率引入模型中，他得出农村剩余劳动力发生转移不仅仅取决于城乡的工资差别，还取决于他们在城市找到工作的概率。因此城市中高的工资收入使得农村剩余劳动力产生转移到城镇工业部门的想法，而城镇中的就业机会决定着迁移能否转变为现实。在城镇中显然比农村有着更多的就业机会，原因是多方面的：一是城市偏向的发展战略。城市偏向是大多数发展中国家在发展初期实行的发展战略，具体是指政府在投资取向、财政分配、价格制定、土地利用以及其他政策的制定上均有利于城市。城市偏向的发展战略将有限的资源分配到城市地区，促进了国家工业化、城市化的发展。中国近些年来越来越重视农村地区的发展，但城市经过多年的发展，工业部门、第三产业部门已经发展壮大，产生了源源不断的劳动力需求。因此，城市部门有着更多的就业机会。二是城市存在聚集经济。城市的发展本身就是由工业、商业企业聚集而成规模经济，而不断发展的经济又吸引人们到城市中来的过程。因此这种集聚效应会不断吸引各种企业在城市地区安家落户。企业数目的增多，也意味着人们会有更多的就业机会。

（2）良好的区位条件和便利的交通。距经济发达地区越近，则迁移的费用越小，发生迁移的可能性越大，这也符合湖北省劳动力转移的事实：湖北省劳动力省内转移的比例要远远高于省际转移，且在跨省转移中，劳动力转移的数量随距离的增加而减少。以武汉为核心的周边地区经济比较发达，其农村劳动力向城市转移的规模更大，而城市群边缘地区由于距离其较远，劳动力转移的规模相对较小。同时，交通的发展使得农村劳动力可以顺利转出，也使得迁出地与迁入地的距离变得相对更近。具体到某一个潜在迁移者，其居住地与外界的交通的便利性是影响其是否发生迁移的重要影响因素。而湖北省铁路网和高速公路的建设以及汽车的普及大大加快了本省的城市化进程。交通设施的便利，尤其是铁路网的建设，可以大大降低农村劳动力的迁移成本。

（3）优越的社会设施和生活条件。首先，与农村地区相比，城市具有更好的教育资源，而子女的教育是中国父母非常重视的方面。农村人口向城市迁移的一个重要原因就是让孩子受到城市良好的教育。正是因为各地区的教育资源存在差异性，子女教育已经成为影响人口迁移的一个重要因素。与农村相比，城市的教育资源更丰富，主要体现在：一是教育经费充足。中国以地方为主的办学机制，农村教育农村办，城市教育城市办，而城市财政收入水平高，因此城市教育资源更加丰富。二是教师素质高。教师素质的差异不仅体现在小学教育上，初高中教师素质的城乡差别更大。城市便捷的生活、丰富的文化娱乐活动也吸引着农村劳动力向城市转移。当人们解决温饱问题后，就开始追求更高质量的生活。农村地区文化娱乐活动相对匮乏，而城市除工作时间外，文化娱乐的设施、场所、活动种类都要比农村丰富得多。如城市居民在闲暇时间可以观看音乐会、歌剧、电影等，而在农村地区人们则无法享受到这些文化娱乐活动。城市生活对"新生代进城务工人员"体现了较强吸引力。区别于从农村迁移到城市的老一代劳动力，新生代进城务工人员大多出生于20世纪八九十年代，结束一定的学校教育后便进入城市打工。他们由于没有长时间务农的经历，对农村的依赖度不高，更向往及习惯城市的生活方式。甚至一些在城市暂时失业的新生代进城务工人员，也愿意留在城市，因为他们坚信城市的工作机会要比农村多。

三、湖北省劳动力地域流动的实证分析

（一）湖北省劳动力流动的基本情况

1. 湖北省劳动力流动的总体情况

湖北省劳动力流动总体情况数据见表3.2。表3.2中的湖北省转移劳动力数量具有如下特点：

（1）从总量上看，湖北省的劳动力转移数量有持续增加的趋势。2000年转移的剩余劳动力为5704620人，2010年转移的剩余劳动力人口为9250228人，转移人口的规模增加了3545608人。在过去10年间，省内劳动力转移呈现出持续增加的态势，并仍然以省内劳动力转移为主，省内劳动力转移增加了3141748人，而省外劳动力转移增加了403860人。上述数据说明，从总体上看，湖北省的剩余劳动力转移态势并没有结束，大量的劳动力转移在持续进行。

（2）从整体结构上看，这10年来湖北省的劳动力转移都是以省内转移为主。在2000年前后，湖北省的劳动力转移主要以省内劳动力转移为主，占总劳动力转移人口的89.3%。在2010年之后，湖北省的劳动力省内转移强度稳定，依然以省内转移为主，占总转移劳动力人口的89.01%。

流动人口的增加，一方面可以增加流入地的劳动力供给，直接推动流入地的经济发展；另一方面，由于流动人口大多来自于农村，劳动力外流使得打工者收入提高，而打工者通过汇款等手段间接改善和提高了农村的经济发展。

2. 湖北省劳动力流动的性别变化趋势

湖北省劳动力流动2000年和2010年性别分布情况见图3.1。图3.1显示如下特点：

（1）无论是省内流动还是省外流入，男性人口始终多于女性人口。

（2）随着时间的推移，省内男性人口和女性人口以及省外流入的

第三章 湖北省劳动力在空间地域上的变动分析

表 3.2 湖北省劳动力流动人口的性别分布

单位：人

	2000年									2010年								
	合计			省内流动			省外流入			合计			省内流动			省外流入		
	合计	男	女	合计	男	女	合计	男	女	合计	男	女	合计	男	女	合计	男	女
合计	5704620	3028591	2676029	5094868	2649560	2445308	609752	379031	230721	9250228	4743478	4506750	8236616	4174973	4061643	1013612	568505	445107
武汉	2205600	1152580	1053020	1955515	999837	955678	250085	152743	97342	3835009	1982449	1852560	3308975	1678505	1630470	526034	303944	222090
黄石	251604	133056	118548	239027	125045	113982	12577	8011	4566	377015	191517	185498	345223	173986	171237	31792	17531	14261
十堰	286903	155149	131754	257332	137218	120114	29571	17931	11640	559536	298702	260834	505658	267203	238455	53878	31499	22379
宜昌	546106	303138	242968	438436	231863	206573	107670	71275	36395	631765	324836	306929	539438	272838	266600	92327	51998	40329
襄樊	594197	306881	287316	554017	282763	271254	40180	24118	16062	779460	386720	392740	726990	359385	367605	52470	27335	25135
鄂州	106436	56104	50332	101934	53225	48709	4502	2879	1623	126680	66963	59717	116994	60926	56068	9686	6037	3649
荆门	262475	139729	122746	228500	118729	109771	33975	21000	12975	388161	195337	192824	351100	175498	175602	37061	19839	17222
孝感	163872	89511	74361	150796	81227	69569	13076	8284	4792	480060	241212	238848	451092	225507	225585	28968	15705	13263
荆州	423484	224780	198704	378825	197232	181593	44659	27548	17111	593209	301069	292140	534415	270081	264334	58794	30988	27806
黄冈	238871	133204	105667	217710	120264	97446	21161	12940	8221	379492	198262	181230	348298	181216	167082	31194	17046	14148
咸宁	202271	108791	93480	185077	97768	87309	17194	11023	6171	338978	172216	166762	315302	159983	155319	23676	12233	11443
随州	106268	55278	50990	101677	52453	49224	4591	2825	1766	194790	97746	97044	183319	91426	91893	11471	6320	5151
恩施	116597	63220	53377	100836	53555	47281	15761	9665	6096	310905	151522	159383	277096	135383	141713	33809	16139	17670

59

续表

	合计			2000年 省内流动			2000年 省外流入			2010年 合计			2010年 省内流动			2010年 省外流入		
	合计	男	女	合计	男	女	合计	男	女	合计	男	女	合计	男	女	合计	男	女
省直辖单位	199936	107170	92766	185186	98381	86805	14750	8789	5961	255168	134927	120241	232716	123036	109680	22452	11891	10561
仙桃	78799	43152	35647	76285	41650	34635	2514	1502	1012	123500	24873	27454	116664	21300	24191	6836	3573	3263
潜江	71673	36895	34778	63806	32370	31436	7867	4525	3342	67798	15240	11669	59595	10837	7869	8203	4403	3800
天门	43230	23415	19815	39997	21476	18521	3233	1939	1294	57579	19952	9745	51361	16643	6773	6218	3309	2972
神农架	6234	3708	2526	5098	2885	2213	1136	823	313	6291	1856	1171	5159	1250	645	1132	606	526

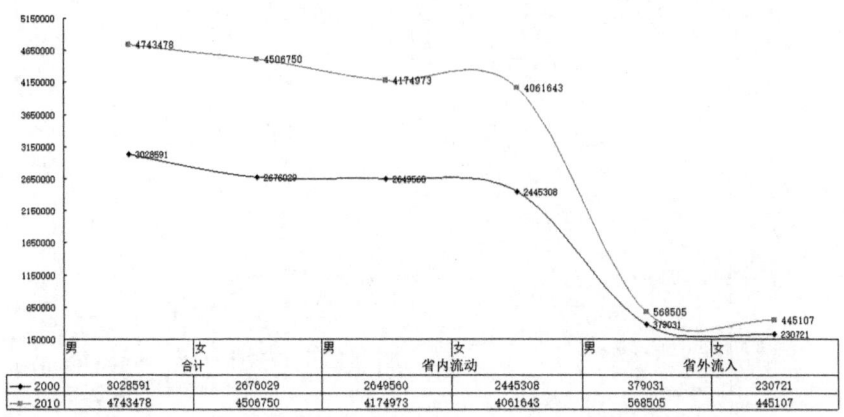

图 3.1　湖北省 2000 年和 2010 年流动人口的性别分布图（单位：人）

男性人口和女性人口都呈现增加的态势。

3. 湖北省劳动力流动人口的年龄分布

湖北省劳动力流动人口的年龄分布情况见图 3.2。图 3.2 具有如下特点：

（1）湖北省流动人口的峰值主要集中在 14~24 这个区间。14~24 岁人口一般是求学人口，这种人口的大规模流动有利于年轻人开拓见识，增加阅历，积累人力资本。

（2）从"五普"和"六普"年份分布对比来看，"五普"的流动人口近似于正态分布，基本以 14~24 岁为波峰，55~59 岁为波谷。"六普"的人口分布是波动状态，在 25~44 岁这个区间一直比较稳定。

（3）值得注意的是，无论是"五普"还是"六普"，55 岁以上的人口流动呈现增加的趋势，可能是老年人投靠年轻人的情况导致的。

（4）0~14 岁和 44~55 岁这个区间的人口，基本倾向于不流动。14 岁以下人口处于小学和初中阶段，九年制义务教育制度使得他们处于读书状态无法流动。而 44~55 岁这个区间的人口，通常在特定岗位上工作了很长时间，进行流动的机会成本很大，也倾向于不流动。

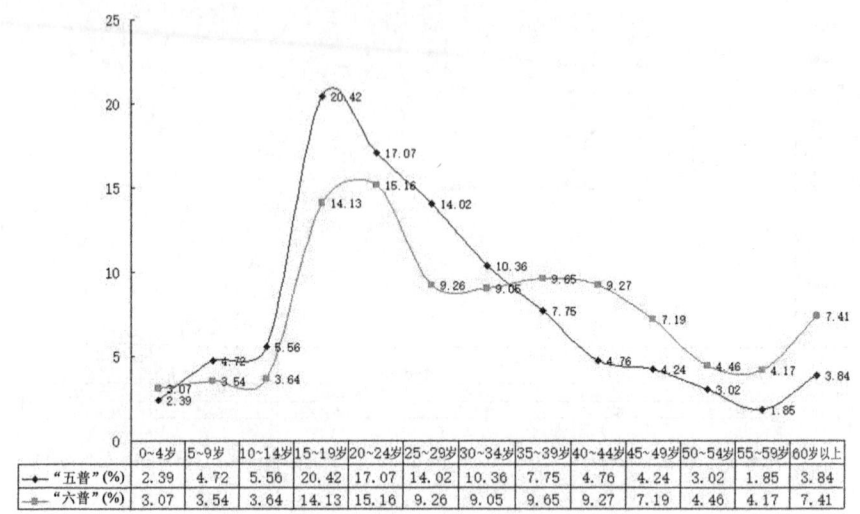

图 3.2 湖北省"五普"和"六普"年龄分布图

4. 湖北省劳动力流动人口迁移原因分析

湖北省劳动力流动原因的情况见图 3.3，有如下特点：

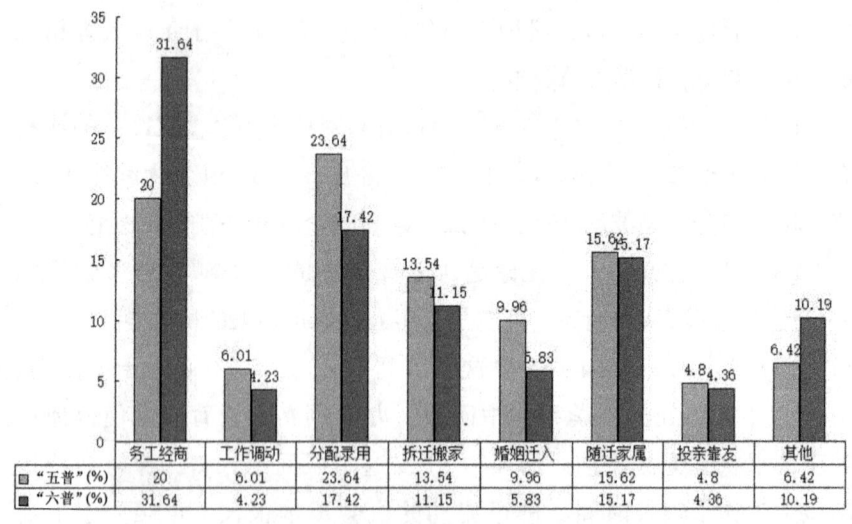

图 3.3 湖北省"五普"和"六普"查迁移原因分布图

(1) 在"五普"中"分配录用"和"务工经商"分列第一、二名。而在"六普"中,首要原因是"务工经商",其次是"分配录用"。可见在"六普"中人口流动的主要原因是追求经济利益。

(2) 在"六普"中拆迁搬家的比重开始下降,这与中国大规模城市基础设施的建设也有很大关系。随着大型城市基础设施基本完成,城市大规模工程建设项目减少,拆迁项目也因此减少。

(3) "六普"中的婚姻迁入比重开始下降。说明随着社会发展,异地恋的状态开始减少。人们不再通过婚姻来改变自身的状态和处境。

5. 湖北省劳动力流动人口职业分析

湖北省劳动力流动人口职业的分布状况见图3.4。流动人口的职业具有如下特点:

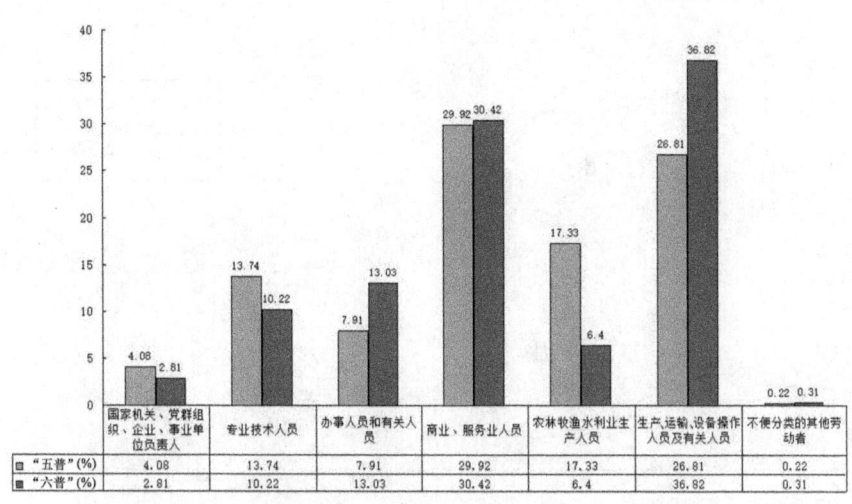

图3.4 湖北省"五普"和"六普"职业分布图

(1) 流动人口主要以"商业、服务业人员"和"生产、运输、设备操作人员及有关人员"为主要职业。这两种类型占了总流动人口的50%以上。而上述两种职业主要分布在第三产业和第二产业。

(2) 在职业变动上,"六普"以来在"国家机关、党群组织、企业、事业单位负责人"、"专业技术人员"、"农林牧渔水利业生产人员"的分布与"五普"相比出现了下降的趋势。

（二）湖北省劳动力人口流动的空间分布状态及流动的规律

劳动力人口流动的空间分布形态特征包括两方面的内容：一是转移劳动力的空间分布图，二是转移劳动力的空间分布统计分析。本章节未加说明的话，数据都来源于《湖北省第五次人口普查机器汇总资料》（中国统计出版社，2002年）和《湖北省2010年人口普查资料》（中国统计出版社，2012年）。

1. 劳动力的空间分布状态

为了更加直观地反映湖北省劳动力转移的区域分布情况，本研究利用 GeoDa 软件绘制出了 2000 年湖北省"五普"和 2010 年湖北省"六普"劳动力人口流动的空间分布图形（见图 3.5）。

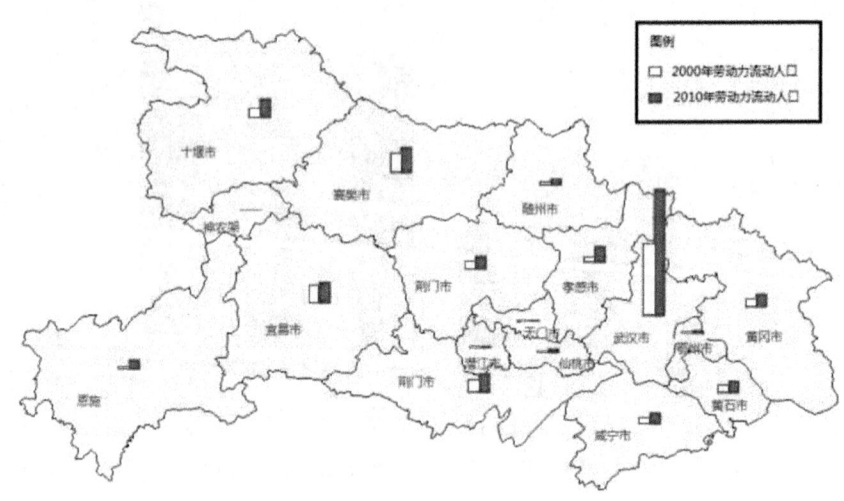

图 3.5　湖北省"五普"和"六普"转移劳动力
流动的人口空间分布对比图

转移劳动力的空间分布图直观地反映出在近 10 年来，湖北省转移劳动力在地域和空间上的分布变化。通过 2000 年湖北省"五普"和 2010 年湖北省"六普"劳动力转移流动规模的空间分布图，我们可以看出湖北省转移劳动力的分布具有如下特点：

从劳动力净流动的情况来看，其结果为：

劳动力流动规模等级较高的地区：武汉市、襄樊市、黄石市、宜昌市、荆门市、荆州市、黄冈市、咸宁市、随州市、恩施土家族苗族自治州。劳动力流动规模等级较低的地区：神农架林区、潜江市、天门市、仙桃市。

2. 劳动力流动的空间统计分析

为了能够更好地对空间地域上的分布情况进行分析，我们通过全局莫兰指数和局域莫兰散点图完成了空间统计分析。

（1）全局莫兰指数。

全局空间内的分布特征一般用全局莫兰指数来度量：

$$I = \frac{n\sum_{i=1}^{n}\sum_{j=1}^{n}w_{ij}(x_i - x)(x_i - x)}{\sum_{i=1}^{n}\sum_{j=1}^{n}w_{ij}\sum_{i=1}^{n}(x_i - x)} = \frac{\sum_{i=1}^{n}\sum_{j=1}^{n}w_{ij}(x_i - x)(x_j - x)}{s^2\sum_{i=1}^{n}\sum_{j=1}^{n}w_{ij}} \quad (1)$$

其中，n 为观测点个数，w_{ij} 为空间权重矩阵，x_i 和 x_j 代表地区 i 和 j 的变量数值，$\bar{x} = \frac{1}{n}\sum_{i=1}^{n}x_i$，是 x_i 的平均值，$s^2 = \frac{1}{n}\sum_{i=1}^{n}(x_i - \bar{x})$ 是 x_i 的方差。

莫兰指数的取值范围为 [-1, 1]，正数表示空间集聚分布特征，即存在空间正相关性，值越大集聚特征越明显；负数表示空间的发散分布特征，即存在空间负相关性，值越小发散特征越明显；等于 0 表示空间的随机分布特征，即不存在空间相关性。引入一阶邻接"车标准"权重矩阵（rook contiguity），通过 GeoDa 软件对湖北省"五普"和"六普"中的转移劳动力人口数据进行计算得到图 3.6，即 2000 年和 2010 年湖北省转移劳动力人口的全局莫兰指数的比较情况。

通过全局莫兰指数可以看出来，目前湖北省劳动力转移人口存在着空间集聚特征，表现在：在 2010 年湖北省劳动力转移的空间集聚情况

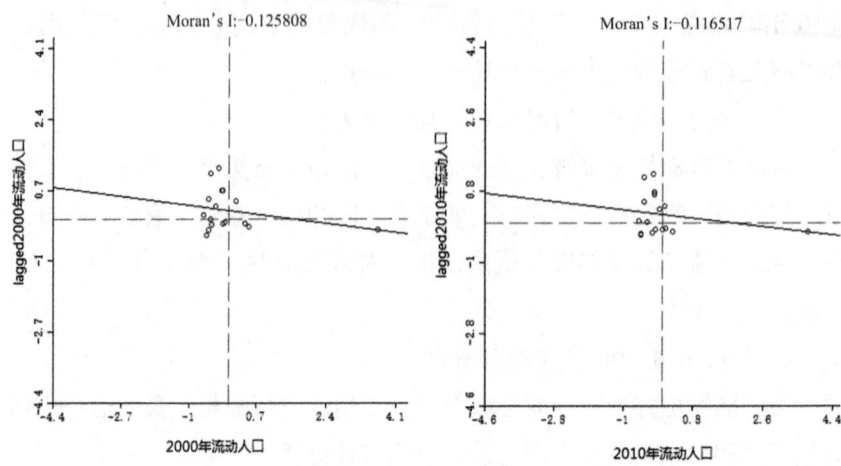

图 3.6 湖北省"五普"和"六普"转移劳动力流动的全局莫兰指数图

中,大多地区的莫兰指数在-0.5与0.5之间,接近于0,说明十年来,转移劳动力的空间集聚性趋势明显增强了。从前面的湖北省劳动力流动的空间分布地图中,也可以看出,劳动力流动的主要地区表现出连通一片、以武汉市为核心的空间集聚特性。

(2) 莫兰散点图。

莫兰散点图反映空间的局域空间分布状态,计算公式为:

$$I_i = \frac{(x_i - \bar{x})}{s^2} \sum_{i \neq j} w_{ij}(x_j - \bar{x}) \qquad (2)$$

I_i 为正表示变量存在局部空间正相关,为负则表示负相关,其他字母的含义同前面的全局莫兰指数。

莫兰散点图的含义及其解释:

(1) 高-高区域(HH):表示一个高水平区域被其他高水平区域包围,或者说一个高水平区域和它周围区域有较小的空间差异,且区域自身和周边地区的福利水平都较高,存在较强的空间正相关,即为热点区。

(2) 低-高区域(LH):表示高水平区域包围着一个低水平的区域,

也就是说该区域的经济水平比它周围区域低，存在较强的空间负相关，即异质性突出。

（3）低-低区域（LL）：表示该区域和周围区域都是低水平区域，也就是说这片区域的经济水平是比较低的，二者的空间差异程度较小，存在较强的空间正相关。

（4）高-低区域（HL）：表示一个区域是高水平，而周围其他的区域是低水平，也就是这个区域水平是比较高的，周边地区较低，二者的空间差异程度较大，存在较强的空间负相关，即异质性突出。

基于这种准则，湖北省2000年和2010年转移劳动力人口的莫兰散点图空间集聚情况可以通过表3.3来总结。从表3.3中，我们可以看出湖北省转移劳动力的空间集聚性情况，在"六普"中，湖北省中、高度空间集聚性的地市连成了片状，反映出湖北省转移劳动力流动的空间集聚效应。也就是说，湖北省劳动力流动过程表现出了空间聚集的特性。

表3.3　　　　中国转移劳动力莫兰散点图空间集聚表

区域	2010年
高-高	荆州市、武汉市、黄石市、黄冈市、襄阳市、荆门市、神农架林区、孝感市、天门市、咸宁市、宜昌市、十堰市、随州市、鄂州市、潜江市、仙桃市、恩施土家族苗族自治州
低-低	-
低-高	-
高-低	-

说明："-"表示该区域没有统计学显著性省份。

（三）湖北省劳动力人口流动的产业分布规律

一般来说，产业结构用两类指标来衡量：价值指标和就业指标。价值指标是用价值来反映产业结构的比重；就业指标是用各个产业中容纳的就业比重或者数量来反映就业的情况。本章采用就业指标来衡量劳动力人口流动的产业分布规律。湖北省各个产业中就业的占比状态见图3.7。

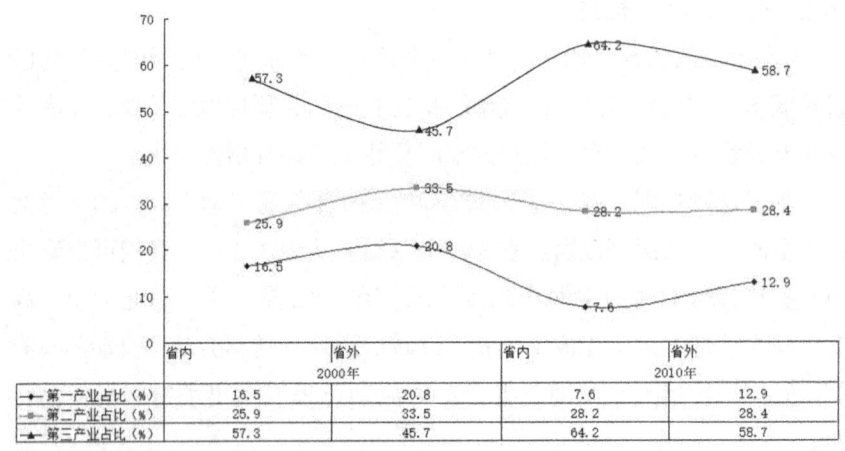

图 3.7　2000—2010 年湖北省三大产业劳动力流动从业人员占比

（1）流动人口就业在产业上的分布呈现"三二一"的态势。在图3.7 中，2000 年至 2010 年，湖北省省内、省外的第二、第三产业从业人员占比均有上升，第一产业的省内、省外的劳动力流动人员占比呈现下降趋势，即三大产业劳动力流动人口从业人员占比呈现以第三产业为主的"三二一"的态势。这说明近十年来，湖北省流动人口的就业产业分布没有大的变化。

（2）从省内流动和省外流入人口的就业种类来看。"六普"以来，湖北省流动人口在第三产业中就业的数量开始增加，在第二产业和第一产业的人口开始下降。在"五普"时，省外流入劳动力主要在分布在第一、第二产业，而省内流动人口主要在第三产业就业。

（3）湖北省就业的产业分布吻合配第-克拉克定理的基本要求。按照配第-克拉克定理，随着经济发展和人均收入提高，三次产业比重逐步向第三产业集中；相应的，劳动力也从第一产业向第二产业再向第三产业转移。湖北省流动人口在就业上的变化实证了配第-克拉克定理，即人口流动符合配第-克拉克定理的要求。

四、研究结论及对策建议

（一）研究结论

从上述分析出发，本研究有如下结论：

（1）劳动力的转移与经济发展水平紧密相关。湖北省劳动力流动的方向主要是以武汉市为核心的周边城市，由于这些地区的经济发展水平相比其他地区要高，而且基础设施、交通网络等相对完善，对于劳动力流动人口来说具有很大的"拉力"，流入这些地区他们可能获得预期收入。大量迁入的廉价农村劳动力对迁入地的经济发展作出了重要贡献，劳动力流动人口及其留守家庭成员的收入水平也得到了提高。

（2）湖北农村劳动力以省内转移为主。湖北应从自身经济基础和经济发展形势出发，注重中小城市的建设，大力发展劳动密集型企业和外向型企业，增强湖北经济的实力和活力，为湖北农村劳动力转移提供更多的就业机会和就业岗位。

（3）湖北省劳动力的空间流动分布不平衡。从地域空间上看，劳动力流动人口主要分布在以武汉市为核心的周边城市。从城镇等级体系看，"五普"以来，湖北省新增城镇人口不断向省内大城市高度集中，一些大城市已经出现了超越资源环境承载能力的过度扩张状态，显现出交通拥堵、房价高昂、环境质量下降等"大城市病"。而20万人以下的小城市数量减少，所占人口比重下降，众多小城镇因缺乏产业支撑、基础设施和公共服务落后，处于不断衰落之中，由此出现了城镇规模增长的两极分化现象。在这种情况下，一些特大城市虽有产业支撑和就业岗位，人口吸纳能力较强，但其资源环境承载能力严重不足；众多小城市和小城镇虽有资源环境承载能力，但由于缺乏产业支撑和就业岗位，人口吸纳能力严重不足。

(二) 政策建议

依据本研究的分析,提出促进劳动力流动与经济结构转换的对策和措施如下:

(1) 建立湖北省统一的劳动力市场。劳动力的流速是指劳动力在工作岗位和流动过程中的滞留时间和流动的频率。劳动力的流速"度"的问题,既不能过于缓慢,也不能过于频繁。流速过于缓慢,"一时从业,终身不变",会抑制劳动者的活力;劳动力流动速度过慢,就会形成待业人口,浪费劳动力资源;劳动力流动过于频繁,会影响经济发展和生产建设的稳定性,也不利于劳动者掌握和深化其专业技术,难以造就高水平的专业人才。因此针对湖北省劳动力流速不均的状况,应建立全省统一的劳动力市场,消除区域间劳动力自由流动的阻碍。

(2) 在湖北省范围内建立有效的就业中介市场。劳动力市场的信息影响了劳动力的流向,信息越灵敏,传递与反馈速度越快,就越能加速劳动力流动。劳动力就业中介市场作为一个确定性的信号系统,可以为劳动力的流动提供指引。劳动力自由流动信号市场越完善,机构工作效率越高,劳动力在流通过程中的滞留时间越短,流动成本越少,流动效率越高。同时日益完善的劳动力中介市场可以增强湖北省吸纳劳动力流入的竞争力,促使社会经济更好地发展。

(3) 建立流动人口辅助支持系统。劳动力的流动需要公共服务系统的支撑,在医疗、教育、住房、社会保障等方面为其解决后顾之忧。支持服务系统会使流动人口"用脚投票",流向公共服务更优越的行政区域。这会影响政府的绩效,尤其是经济绩效,也对各级各类行政主体的政府管理产生了深远的影响,推动着政府管理的变革。

◎ 参考文献

[1] 辜胜阻,李华. 以"用工荒"为契机推动经济转型升级 [J]. 中国人口科学,2011 (4).

[2] 牛建林. 城市"用工荒"背景下流动人口的返乡决策与人力资本的关系研究 [J]. 人口研究, 2015, 39 (2).

[3] 赵峰, 星晓川, 李惠璇. 城乡劳动力流动研究综述: 理论与中国实证 [J]. 中国人口资源与环境, 2015, 25 (4).

[4] 刘乃全. 劳动力流动对区域经济发展的影响分析 [M]. 上海财经大学出版社, 2005.

[5] 简新华, 张建伟. 从"民工潮"到"民工荒"——农村剩余劳动力有效转移的制度分析 [J]. 人口研究, 2005, 29 (2).

[6] 毕先萍. 劳动力流动对中国地区经济增长的影响研究 [J]. 经济评论, 2009 (1).

[7] 傅允生. 产业转移、劳动力回流与区域经济协调发展 [J]. 学术月刊, 2013 (3).

[8] 刘超芹. 城市化进程中省际流动人口特征分析——基于第五次和第六次人口普查数据 [D]. 西南财经大学学位论文, 2013.

[9] 刘晋强. 推-拉理论在中国乡—城劳动力转移中的应用与启示 [D]. 山西财经大学学位论文, 2015.

[10] 张从发, 王华莹, 邓有成. 人口年龄结构变化对产业结构调整的影响——以湖北省为例 [J]. 中南财经政法大学学报, 2013 (6).

[11] 胡军. 略论劳动力流向、流速、流量的宏观控制 [J]. 经济研究, 1986 (7).

第四章 湖北省城镇老年人口就业与经济结构转型

一、引言

随着1980年"一胎"人口计划生育政策全面实施,中国社会的人口结构在随后的30年间发生了深刻的变化,开始进入老龄化阶段,即老龄人口在人口结构中的比重越来越大,而年轻人口在整个人口结构中的比重开始下降。中国社会20世纪70年代的"高出生率、高死亡率、高自然增长率"的人口生产类型,在短短的30多年内转变成了"低出生率、低死亡率、低自然增长率"的人口再生产类型。

湖北省的人口结构类型没有脱离中国人口结构转变的基本规律,伴随着中国人口再生产模式的转变,湖北省的人口结构也开始进入老龄化状态。湖北省2015年1%人口抽样调查数据显示,在2015年11月1日零时,湖北省5851.5万常住人口中,0~14岁人口为879.5万人,占15.03%;15~64岁人口为4326万人,占73.93%;65岁及以上人口为646万人,占11.04%。与2010年第六次全国人口普查相比,0~14岁人口比重上升1.12个百分点,15~64岁人口下降3.07个百分点,65岁及以上人口比重上升1.95个百分点(见图4.1)。

依据国际上把一个国家或地区65岁及以上人口比重超过7%或60岁及以上人口比重超过10%定义为老龄化社会的准则,通过比较湖北省第五次人口普查、第六次人口普查和2015年1%人口抽样调查数据,

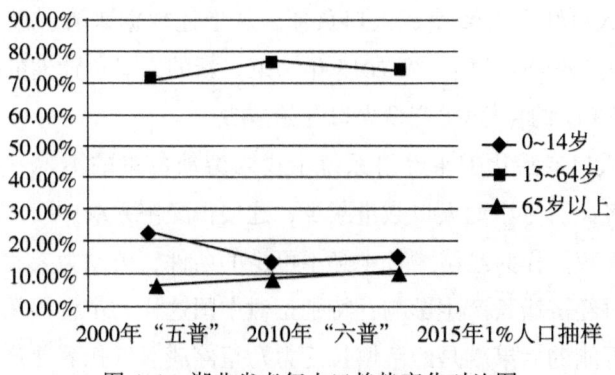

图4.1 湖北省老年人口趋势变化对比图

湖北省在2000年的第五次人口普查、2010年的第六次人口普查、2015年1%人口抽样调查中65岁及以上人口比重分别达到6.31%、9.09%、11.04%，接近或超过7%。这一数据表明，随着时间推移，湖北省事实上已经进入了老龄化社会。

从目前的数据来看，未来湖北省还有加速老龄化的趋势。依据湖北省老龄办发布的预测，到2018年，湖北省常住人口中60岁及以上人口比重可能突破1200万人，占比超过20%，届时湖北将步入中度老龄化社会。

人口老龄化的出现以及趋势，对湖北省的社会经济有重大影响，表现在：

（1）人口红利消失，人口结构进入人口负债阶段。所谓"人口红利"，是指一个国家的劳动年龄人口比重较大，抚养率比较低，为经济发展创造了有利的人口条件，整个国家的经济呈现高储蓄、高投资和高增长的局面。尽管有不同的统计口径，本研究中以总抚养比衡量湖北省人口红利，基本状况是：湖北省在中华人民共和国成立初期即处于人口负债阶段；1953—1982年人口负债经历了由少到多，又由多到少的变化；1982—1985年由人口负债期向盈亏平衡期过渡；1985—1995年处于盈亏平衡期；1995年后转变为人口红利期。之后，随着生育率高峰期出生的人口进入老龄阶段并退出劳动力市场，人口红利逐渐消失，在 2015 年后人口红利将转变成人口负债。从上述数据来看，湖北省的人口红利期从 1995 年开始，到 2015 年结束。新的人口负债期的到来意味着消费型人口增加，而生产型人口开始减少。

（2）人口老龄化带来经济系统中投入劳动数量的不足。消费型人口数量增多，而生产型人口数量减少，这使得经济系统中投入的劳动力数量出现衰减。作为经济增长中必不可少的条件，劳动要素投入的减少无疑会对经济增长产生影响，特别是对中国这样一个世界第二大经济体而言，可能的后果就是经济增长乏力乃至停滞。低抚养比产生的人口红利从两个方面促进了经济增长：一是劳动力资源禀赋的优势为经济增长提供了充足的劳动力供给；二是在较高的就业率的配合下，经济活动人口比例高，社会储蓄总量大，有利于实现高储蓄率。中国近几年的"用工荒"、"民工荒"的现象，以及经济增长从过去 10% 以上的高速增长转变为 6% 左右的中低速增长，均与劳动力投入的枯竭有着密切的联系。

（3）加大了社会养老的负担。中国过去实施的是现收现付的养老保险制度，这个制度的本质是年轻人来供养年老人。当中国处于人口红利期时，由于生产型人口数量超过老年人口的数量，这一制度是可以持续的。随着人口红利消失，若再让年轻人口来供养老年人口，年轻人口将不堪重负。尽管随后中国的养老保险制度由现收现付制转变为基金制，但是制度转轨过程中的"中人"问题及巨大的转制成本依然对养老形势提出了挑战。此外，财富储备不足严重制约了社会和家庭的养老承担能力，也影响了老年人晚年的生活质量。

尽管人口老龄化在社会经济中的影响越来越大，但是老年人口及其资源并非完全属于社会负担。随着生活质量的提升和预期寿命的延长，越来越多的老年人拥有健康的身体及继续为社会作出贡献的意愿。老年人口具有知识资本、关系资本、社会资本和投入成本低、收效快而高的优势，在当代中国将他们看作社会负担、弱势群体显然是不合时宜的。由此，延缓人口红利消失的时间，提高劳动力资源利用效率，就要求最大限度地扩大就业,其中也包括合理开发和利用老年人口资源。

因此,采取合理的措施,促进老年人口再就业具有现实意义和可行性,这种意义表现在:

第一,从质量上看,预期寿命的延长和医疗卫生水平的进步使得老年人口健康状况有所改善,为老年人力资源的开发提供了基础。数据表明,2016年湖北省人均期望寿命达到76.5岁。在医疗服务提升、生活水平提高的共同作用下,当今众多老年人在生理和心理状态上还处于人的生命周期中的一个活跃时期,他们具有知识、经验和技能,这些都是宝贵的劳动力资源,是进行劳动开发的重要内容。有效利用这种资源,可以形成对湖北省劳动力投入的重要补充。

第二,从数量上看,湖北省作为人口大省,具有人口基数大、城镇人口数量多的特点,这使得湖北省老年人口数量相对较多,庞大的人口规模为进行老年人口开发提供了基础。湖北省2015年1%人口抽样调查数据显示,全省常住人口5851.5万人,其中居住在城镇的人口为3326.58万人,占56.85%,与第六次全省人口普查相比,城镇人口增加476.14万人。城镇老年人力资源可以成为劳动力资源的有利补充。

第三,从老年人本身的生活状态来看,老年人口再就业是老年人口自我实现的重要构成部分。基于马斯洛的需求层次理论,自我实现的需求是人的最高需求。对老年人口而言,通过再就业在工作中实现自己的理想和抱负,既满足了自我实现的需求,也有利于他们老有所乐的生活。随着社会发展进步,"积极老龄化"的概念得到倡导。老年人不仅是和谐社会的共享者,还可以成为共建者,在社会参与中继续实现自我价值,缓解代际压力并提高幸福感。受教育水平的提高和社会观念的转变为老年人口身份的转型提供了基础,由此引出了"人口转型红利"的概念,即老年人口通过再社会化转变自我的社会角色,从赋闲的离退休人员转变为有所作为的工作者,通过再就业和续就业开发老年人力资源的价值,为经济发展作贡献。

第四,对于老年人口再就业问题的关注可以拓宽经济学研究的领域。在一般的经济学研究领域,老年人口作为劳动退出性人口,一般被当作消费型人口，很少受到主流经济学的关注。但是随着老龄化的深化，规模庞大的中国老年人口就成为经济学不能够忽略的部分。经济学研究领域必须关注这一群体，通过理论探讨和实践总结提高对老年人口再就业的认识，并提供再就业实践指导。这些研究在促进社会经济发展的同时，也有利于促进老年人老有所养，老有所乐。

由此可见，对老年人口再就业的研究是一个相当有意义的工作。

二、老年人口再就业与经济结构转型

（一）湖北省老年人口再就业在经济结构转型中的贡献

湖北省作为中国的人口大省，整体人口结构与中国现阶段的人口结构大致相同，即人口老龄化特征明显。根据2010年湖北省人口普查数据，老龄人口（60岁以上）比重超过12.7%。

受制于目前相对落后的养老体制，多数老人还无法享受到"老有所依"的社会福利，相当多"超龄"的老年人口还在劳动力市场继续工作。这一结论可以从2010年"六普"数据上得到印证。2010年中国老年人养老资本构成和比例为家庭成员供养占48.8%，国家基本养老金或最低生活保障金占29.3%，老年人就业劳动收入占19.7%，财产性收入和资本得利占0.3%。以60~64岁为例，家庭成员供养占17%，离退休养老金占65%，劳动收入及其他财产性收入占14.3%，可见，老年人口的收入中有很大一部分来源于劳动收入。

随着人口老龄化的深化，老而不休的老年人口数量将会更多，这种趋势将对经济造成影响。因此对于老年人口再就业的关注，也是湖北省经济结构转型中一个重要的问题。从这个角度分析，老年人口再就业对于湖北省经济转型的意义在于：

第一，老年人口再就业有助于弥补当前政府在养老领域公共投入的不足。现收现付的养老保险制度向基金制转变的过程中，由于制度转轨的成本以及老龄化的趋势，养老保险领域存在着巨大的资金缺口，降低了对老年人口社会保障的支持力度。而相关数据显示，在社会养老保障制度中，再就业是老年人口老有所养的重要资金补充来源，能有效提高老年人口的生活质量。

第二，老年人口再就业有助于向经济系统提供劳动力供给。在老龄化的背景下，社会劳动力的供给呈现下降的趋势，劳动力要素投入不足，经济增长乏力的局面由此出现。在这种情况下，老年人口再就业对经济系统劳动力要素的投入形成了重要的补充。尽管在体力上与年轻劳动力有所区别，但是他们在经验、管理能力等领域却有着丰富的积累，是宝贵的人力资源，对这些老年劳动力的开发利用有利于实现经济增长的目的。

第三，老年人口再就业本身就是一个重要的产业，它是经济结构中不可或缺的组成部分。老年工作者数量的增多，会相应催生出为这部分老年人服务的产业，从而提高全社会服务业水平。与此同时，老年人的消费能力没有减弱，这种情况使得经济转型朝着适合老年人服务业的方向发展，总体上符合中国产业转型的需要。

第四，老年人的就业降低了全社会的赡养压力，释放了更多的政策资金和消费力，而这些资金将被用于进行更富有生命力的高科技产业转型升级，从而加快经济转型的速度。

（二）湖北省老年人口再就业的几个假设

本研究对老年人口再就业设定了如下假设：

（1）随着生活水平的提高、知识的扩散、医疗保健水平的改善，当代所谓的老年人口在生理和心理年龄上，依然处于创造力非常旺盛的时期，实现再就业依然是他们的一个目标。

（2）在老龄化的趋势下，为了克服公共养老保险的欠缺，未来将有更多的老年人口参与再就业，在工作过程中贡献自己的聪明才智，实现工作中的老有所乐。

（3）老年人口再就业的影响因素中，性别、年龄、健康状况、受教育程度、养老金水平等都对其再就业行为有重要影响。

本章将基于"五普"、"六普"的统计数据对以上规律进行验证和分析。

三、湖北省城镇老年人口再就业的状态及其趋势的验证分析

（一）城镇老年人口再就业的概念

所谓城镇老年人口再就业指的是在60周岁以上，按照规定已经进入了退休阶段，但是依然在劳动力市场上从事有经济收入工作的劳动者群体。

本研究以城镇老年人口再就业为核心关注点的原因在于：

（1）在农村地区，老年人口往往是以家庭和土地作为养老的基本保障，他们可能需要一直在土地上进行劳作以获取基本的养老保障，这与经济学里一般意义上的劳动力供给类型存在差别。城镇里存在着老年人口的退休和大规模退出劳动力市场的状态；而在农村，人们终身与土地相伴，农村的土地保障更多的是一种自我雇佣的形式，不存在中断或退出状态。因此，本研究更关注城镇老年人口退出造成的影响。

（2）城镇老年人口在知识、能力、资源等方面通常要比农村老年人口更具优势。相对的，城镇老年人口行为的社会经济影响要比农村老年人口更大。随着城市化的推进，城市人口比重也在逐步提高，未来城市老年人口将是社会中的主流。因此从规模上讲，关注在数量上的主要群体的行为是比较合理的研究出发点。

（3）城镇老年人口在城市生活具有集中的优势，有利于在各种层面设计政策，实施政策的成本较低。城镇地区的各种医疗保障、劳动就业等政策都具有高度的瞄准性，可以低成本、大规模施行；而在农村地区，地理经济等条件千差万别，很难制订一揽子解决问题的方案，政策实施成本较高。相对而言，针对城镇老年人口再就业的政策有见效快、效果好的特点，应当成为研究的焦点。

(二) 数据处理及说明

本章研究对象为湖北省城镇 60 岁及以上人口。在《湖北统计年鉴》中，针对 60 岁以上有收入人口中市和镇两级相加得到城镇老年人口的数量，其他统计指标都是按照这个地域统计得到对应的城镇老年人口的特征状态。

由于数据的获得性原因，本部分的数据来源于第五次和第六次人口普查湖北省快速统计数据。尽管这个时间周期较长，但是从这个长周期的数据上可以看出湖北省老年人口特征变动的基本状态和趋势，不影响我们对于研究结论的判断。

(三) 湖北省城镇老年人口再就业的基本特征

本部分从老年劳动者的数量、性别、年龄、职业、行业各个方面来分析湖北省城镇老年人口再就业的基本情况。

1. 城镇老年人口再就业的人口学特征

(1) 城镇再就业老年人口的数量及其趋势状态。

湖北省城镇再就业老年人口的数量情况见图 4.2。在图 4.2 中，2000 年"五普"中，湖北省城镇 60 岁以上的就业人口的数量为 346.475 万人，2010 年"六普"时，湖北省城镇 60 岁以上的就业人口数量为 454.33 万人。尽管人口数量多了 100 万，但是城镇老年人口在总人口中的比重几乎没有变化，在 2000 年的比重为 15.37%，在 2010 年的比重为 14.13%，与 2000 年比，10 年间出现了轻微的比重下降。

(2) 城镇再就业老年人口的年龄、性别特征。

依据湖北省"五普"和"六普"数据，统计得到湖北省老年人口再就业的年龄特征和性别状态（见图 4.3）。

在图 4.3 中，从性别结构上看，无论是在"五普"数据中，还是"六普"数据中，老年人口实现就业的人口中男性都占主要部分。从性别的绝对数来看，随着时间的推移，越来越多的老年人口在社会上实现了再就业。

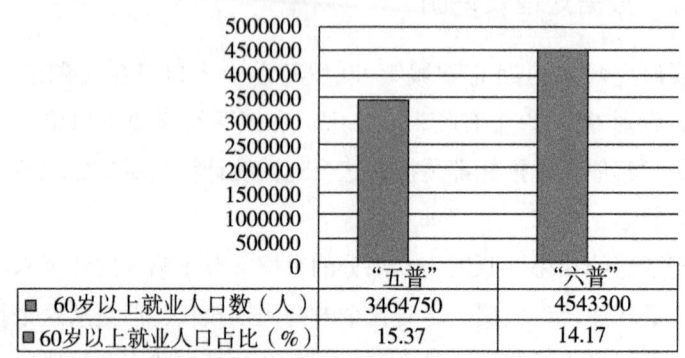

图 4.2　60 岁及以上就业人口数量

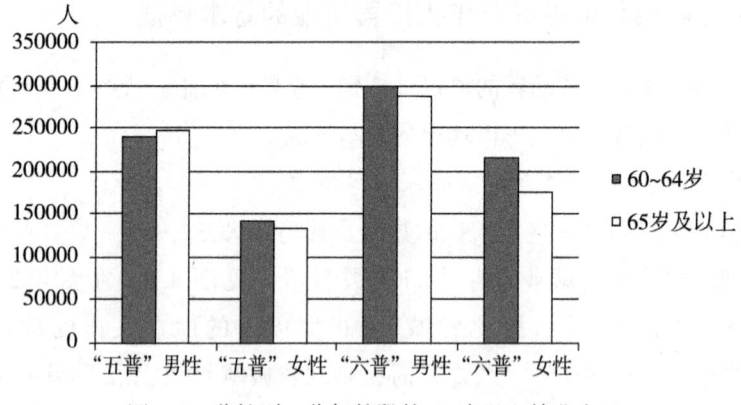

图 4.3　分性别、分年龄段的 60 岁以上就业人口

把老年人口以 64 岁为分割点进行一个简单的年龄分组，数据显示老年人口就业基本集中在 60~64 岁这个区间，也就是在中国法定退休年龄 60 岁之后的 5 年时间，这部分老年人口是再就业的主要人口。

2. 城镇老年人口再就业的职业状态

（1）城镇老年人口再就业的职业状态。

依据湖北省"五普"数据和"六普"数据，统计老年城镇人口再就业的行业状态，得到图 4.4。

从行业分布可以看出，湖北省 60 岁以上老年人再就业的行业集中

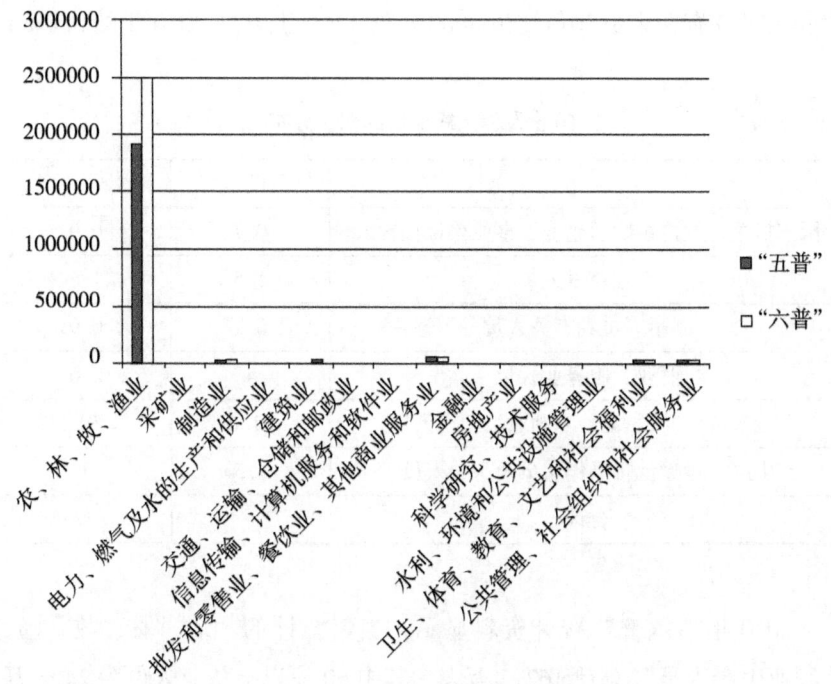

图 4.4 60 岁及以上老年人口就业者的行业分布

于"农、林、牧、渔业"、"批发和零售业、餐饮业、其他商业服务业"和"制造业"三个行业中。

"农、林、牧、渔业"集中了绝大多数再就业的老年人,2000 年占所有再就业老年人总数的 91.0%,2010 年占 92.6%。老年人口再就业在这十年间蓬勃发展,各行业就业人数均有所提高,年均增长率较高的有制造业(6.8%)、交通、运输、仓储和邮政业(14.3%)、房地产业(21.4%)、公共管理、社会组织和社会服务业(23.4%)。

(2) 城镇老年人口再就业的职业情况。

湖北省城镇老年人口再就业的职业分布状态见表 4.1。与行业分布情况一致,湖北老年人再就业的职业分布中"农、林、牧、渔、水利业生产人员"最多,"五普"、"六普"时分别占比 91.6% 和 91.0%;

81

排名第二的"商业、服务业人员"占比仅为约4%;"生产、运输设备操作人员及有关人员"占比由2000年的1.5%上升到2010年的3.0%。

图4.1　　　　　60岁及以上就业者的职业分布

	"五普"(%)	"六普"(%)
国家机关、党群组织、企业、事业单位负责人	0.7	0.9
专业技术人员	1.5	1.6
办事人员和有关人员	0.7	0.9
商业、服务业人员	4	2.6
农、林、牧、渔、水利业生产人员	91.6	91
生产、运输设备操作人员及有关人员	1.5	3
合计		

2010年"六普"统计资料显示,当年统计的"农、林、牧、渔、水利业生产人员"总计162.2万人,其中60岁以上从业人员为24.9万人,约占15.4%。这一数据间接佐证老年人口是国民经济中重要的劳动力供给来源,在现代农业中发挥着不可替代的作用。

四、湖北省城镇老年人口再就业面临问题和挑战

(一)城镇老年人口再就业的规律

通过上述数据分析,本研究发现城镇老年人口再就业有如下规律:

(1)在就业的行业方面,当前老年人口就业的主要行业是农、林、牧、渔业,属于第一产业的生产部门。这类行业吸纳再就业老年人的比重超过90%。

(2)老年人口再就业具有一定的普遍性。据上文推测,2000—2010年间,湖北城镇再就业老年人可能增长了100万人。对比当前再

就业老年人口占比，可推测随着老年人口数量剧增，未来会有更多老年人口投身于再就业的行列。

（3）老年劳动者是各经济部门中重要的劳动力供给来源。但是当前社会对老年人力资源的开发力度显然不够，造成就业行业狭窄、职业有限的局面。随着受教育水平的提高、健康状况的改善，老年人就业的行业和职业都有较大的扩展潜力。

（二）城镇老年人口再就业面临的问题和挑战

总结上述规律，本研究认为，湖北省老年人口再就业面临如下挑战：

（1）老年人口再就业的行业狭窄。老年人再就业渠道的限制直接导致了就业行为与就业意愿的差距。中国在20世纪90年代起就成立了老年人才市场，多年来发挥了一定作用，但始终没有出现一个综合协调、管理老年人再就业的权威机构。众多老年劳动者处于分散、自发、不确定的状态，缺乏引导和协助，这无疑为他们的再就业带来困难。目前老年人再就业主要的途径有：一是通过正规的人才市场和中介公司找工作。但针对老年人的就业需求目前是较少的，一方面市场上年轻劳动力众多，除了部分拥有专业技术的老年人如医疗工作者、科教工作者，大多数老年人在劳动力市场上相较年轻人没有明显优势；另一方面企业使用已经退休的老年人，法律规定不能与之签订正规的劳动合同，双方不构成劳动关系，这样双方的权利和义务都难以界定，出现问题会比较麻烦。二是通过原单位返聘，或经亲戚朋友介绍实现再就业。这一途径明显降低了有就业意愿的老年人搜寻工作时的信息成本，但也存在使老年人碍于情面接受不满意的工作的情况，或为省事而不签协议，这些为将来可能产生的纠纷埋下了隐患。三是通过网络报纸信息甚至路边张贴的小广告了解工作信息。这一途径显然可靠性较差，监管成本更高。

（2）当前的社会环境对于老年人口再就业还存在诸多的误解。例如，认为老年人口已经是劳动退出人口，不支持老年人再就业。还有很多的家庭觉得让退休的父母去工作是一件不光彩的事情，好像是因为子女的不孝顺而让父母自行解决养老问题。社会舆论的压力是老年人再就业的客观障碍。

（3）老年人分辨信息的能力处于弱势，就业过程中遇到诸多障碍，突出表现在针对老年人口的诈骗案例层出不穷。骗子及传销客掌握部分老年人贪图小便宜、自身有老年病、缺乏倾诉对象的特点，计划周密地与之接近、沟通，甚至愿意花比子女更多的时间与老年人交流，也更了解老年人需要什么。他们设计的骗局迎合了老年人的心理诉求，例如对于退休保障的担忧，健康和医疗的需求，参与社会交往的愿望等。在这些精心设计的骗局下，老年人口无疑成为上当受骗的高危人群。

（4）缺乏老年人口再就业的支撑保障体系。老年人口再就业的问题，是中国劳动与社会保障中出现的新问题，在中国，劳动合同法规把16~60岁的人口作为就业人口，施加法律规范。而老年人口在进入再就业领域后，相关的权利义务的规定存在法律空白，再就业的权利无法得到保障。一些老年人通过非正规渠道实现再就业，这类职业具有间断性、临时性的特点，他们无法与用人单位签订劳务合同，这给权益受损时的维权带来了困难。近年来，随着退休返聘人员大量增加，劳动纠纷投诉呈明显上升趋势。但由于该群体被排除在劳动保障体系之外，这些老年人在维权路上面临尴尬，举步维艰。比如媒体报道中频频出现的，退休后再就业老年人协议内容不明确，薪资待遇、责任义务规定模糊；被突然辞退，索要工作及加班费未果。现行的劳动法律在退休返聘人员权益保护方面存在着空白，致使这一群体在劳动纠纷中维权困难。从我国目前的《劳动法》来看，法律保护的是有劳动关系的劳动者，超过退休年龄不再具备劳动法意义上的劳动者主体资格，也就不再属于《劳动法》保护对象。达到退休年龄后被原企业返聘，或到其他单位继续工作，与企业建立的仅是劳务关系而非劳动关系，一旦纠纷发生，无法到劳动部门申请劳动仲裁，只能走法律诉讼途径解决。劳动仲裁案件一般60天内结案且不收取任何费用；相比劳动仲裁，法律诉讼途径结案周期长，程序复杂，诉讼费和律师代理费用昂贵，这些现实困难迫使不少老年劳动者不得不放弃维权。

（5）缺少统一的国家管理机构对老年人口的再就业问题进行规范性管理。老年人再就业涉及福利、医疗、就业等诸多方面，需要统一协调的管理部门创建促进老年人再就业的和谐氛围。在中国，各级老龄工作委员会、人力资源和社会保障部门等均与老年人的就业及其生活相关，但针对老年人再就业的权益保障等问题，由哪个部门负责、怎样负责，诸如此类的问题并不明确。一旦相关部门职责不清晰，就难以形成一个有效体系，结果不仅办事效率低下，遇到问题还可能相互推诿。

五、老年人口再就业的政策建议和对策措施

中国老龄化的严峻形势使得合理开发老年人口再就业成为刻不容缓的任务，经济发展需要有老年人口再就业作为劳动力投入的补充，老年人口知识、经验的重新使用也可以满足其自我实现的需求。鉴于此，针对于老年人口再就业的基本状态，以及目前面临的问题，本研究认为，促进老年人口再就业的可行的对策和措施包括：

（一）社会需要重新检讨和认识老年人口再就业的价值，培养对老年人口再就业的容许度和接受度

在当前社会，排斥老年人口就业的观念比较盛行，可以总结为三类：第一类是"老年无为论"。中国自古以来便存在老而无为的观点，社会主流认为老年人应当"安度晚年"、"含饴弄孙"、"颐养天年"。第二类是"老年无用论"。传统的农业国中，人们的生产、生活都依靠老人的言传身教，老年人由于控制着稀缺资源并拥有文化知识，因而具有较高的地位。现代化社会中技术日新月异，知识的淘汰速度极快，老年人掌握的传统知识在一段时间后就被淘汰，而相比年轻人，对新事物的接纳能力差，因此难以适应社会变化，再就业时面临窘境。第三类是"老年人挤出年轻人就业论"。在中国，反对延迟退休的声音强调延迟退休使岗位的新老交替无法完成，使就业形势恶化，尤其是使每年以数百万计涌入劳动力市场的大学生面临更少的就业机会。

事实上，老年人口通过自身的劳动获取收入报酬，降低了年轻人的赡养负担，并实现了老有所乐，这意味着社会福利的增加。社会、家庭、企业以及老年人自身对老年人再就业的认识都对老年人再就业有重大影响，创造友好的再就业环境有赖于和谐的舆论氛围，这就需要各个主体充分意识到老年人再就业的重要意义。

针对"老年无为论"，应当指出这是一种落后的观点，任何人都具有劳动的权利。同时，老年人通过再就业可部分获得经济或精神上的满足。随着社会的发展，老年人的精神需求将日益凸显其重要性，"老有所为"将得到更多的关注。应当着力消除社会环境的不利因素给有意愿再就业的老年人及其家人带来的舆论制约，提高社会主流对老年人口再就业的接纳程度。

针对"老年无用论"，应当指出老年人自身的贡献及优势不应被年龄的衰老否定。从自身生理状态来看，年龄的老化不可避免地带来身体机能的衰退，老年人作为劳动者的能力与中青年劳动者相比大大地减弱了。尽管如此，完全否定老年人口作为劳动力的价值及其贡献，或坚持老年人需要他人照料、无法完成劳动任务的刻板印象是缺乏理性思考的。同时在不断变化的劳动力市场、加快的老龄化背景下，老年人体力和智力的下降可以部分地用积累多年的技能经验来弥补。这一点可以用拥有专业技术的老年科教工作者退休后成为企业求之不得的"香饽饽"佐证。

针对"老年人挤出年轻人就业论"，应当指出这是一种未被证实的观点。再就业的老年劳动力动了青年就业的奶酪吗？学者观点不一，有的坚持"老人挤出新人"，也有的认为老年人再就业不会对青年就业产生负面影响，甚至可能有正面作用。事实上，当前也有些研究成果，例如张川川在 2014 年的研究得出了老年人口就业会提高而非抑制年轻人就业的结论。

（二）推广退休返聘制度

法定退休年龄作为一项重要的社会经济政策，受到经济发展水平、人口老龄化进程、就业与劳动力市场、财政和社会保障财务状况等因素影响。在社会生产力发展、人口预期寿命延长的条件下，退休年龄偏低，会使得一部分具有劳动能力的老年人过早地被排除于劳动力市场。与世界其他国家相比，中国的老龄人口退休时间偏早。2013年经济合作发展组织（OECD）国家出生人口平均预期寿命为80.5岁，多数国家法定退休年龄不低于65岁且男女同龄退休，其中芬兰、墨西哥、荷兰、西班牙、英国等国家自20世纪40年代至今法定退休年龄一直是65岁。而中国对于男性法定退休年龄60岁、女性50岁、女干部55岁的规定是1978年批准通过的，其时中国人口的预期寿命不足67.8岁；到2015年，中国人口的预期寿命已经达到76.3岁。由此看来，不论是与历史阶段纵向比较还是与发达国家横向比较，中国退休年龄都较低。尽管目前人力资源与社会保障部门已将延迟退休提上日程，但这项政策影响巨大，需要谨慎落实，目前暂不能实现。在这种情况下，对老年人力资源的开发和使用可以退休返聘为出发点。

为应对人口老龄化、高龄化带来的社会问题，许多国家主动制定和实施了鼓励老年人再就业的退休返聘政策制度。退休返聘政策制度指受雇用者已经到达或超过法定退休年龄，通过订立合同契约继续作为人力资源存续的行为或状态。从国际政策环境来看，美国1967年出台的《雇佣年龄歧视法》和1972年的《公平工资法》，日本1995年的《高龄社会对策基本法》，以及英国2004年的《雇佣关系法》，都致力于限制和排除各种妨碍老年就业的社会因素。各国以法律形式确保其公民终生享有劳动的权利；歧视高年龄段求职者属于违法行为；社会应为老年劳动者提供恰当的给付水平，保证其能过上健康、充实、丰富的生活。除了强制性的法律规定，一些成熟的返聘经验也值得借鉴，如：构建专门的社会服务体系，开发促进老年人就业项目，鼓励老年人积极参加返聘，调整老年人家庭关系等。

（三）建立老年人口再就业的支撑服务体系，完善法律制度和中介服务体系，促进老年人口的再就业

具体措施包括：

（1）建立和完善老年人口再就业相关的法律规章制度，出台积极老龄化的政策引导，创造有利于老年人再就业的社会氛围。开发老年人力资源是一个政策性很强的问题，既要调动他们参与社会经济发展的积极性，又需要严格的法律法规予以保障。《中华人民共和国老年人权益保障法》规定，"国家应当为老年人参与社会主义物质文明和精神文明建设创造条件"，同时"老年人参加劳动的合法收入受法律保护"，明确指出老年人拥有继续就业的权利，其劳动所得报酬合理合法。尽管如此，由于没有与之配套的法规，广大老年人再就业的权利无法落实。任何行为都需要以法律制度为基础，积极老龄化也需要一套完备的法律制度保驾护航。

（2）要建立科学完善的老年人再就业的中介服务体系，为有意愿和能力再就业的老年人提供完善的信息咨询服务。人才中介要建立在公开信息制度的基础上，提供时效性强、可信度高的劳动力供求关系；结合市场需求和老年人兴趣特长，为老年人提供自主择业的机会，提供就业指导。与青年就业相似，基于市场需求和自身能力的差异，老年人再就业也可以有多种形式和渠道。适合老年人从事的职业可分为公益型、教育型、福利型、市场型等。中介市场可引导老年人利用自身工作经验和技术，找到适合自己的职业，发挥特长；或根据适合老年人创业的行业鼓励其创业。

（3）基于不同老年人的特征为其设计再就业计划。比如对于轻龄健康老年人，可鼓励其参与公益组织，为其他高龄老年人提供服务。公益互助组织是老年人实现自助、互助和他助的重要载体，是中国传统单位制度弱化以后老年人获取养老资源和利益传输的重要渠道。对于具有专业知识、技术的老年知识分子，可考虑将其作为一种特殊人力资源进行专门的开发管理。鼓励其进入组织管理系统，以便更好地发挥专业特

长，比如老年科技工作者协会、老年社区志愿者协会、老年体育协会等社团组织，以"自我组织、自我管理、自我教育、自我服务"为主，进行科学的组织管理和规范的制度管理。

（4）建立信息库，实现对老年人口的大数据管理过程。鼓励老年知识分子完成在信息网络数据库的注册登记。市场中介系统为其提供市场需求信息和双向咨询服务，定期举办老年人才市场招聘会，为供求双方牵线搭桥，为老年知识分子参与社会发展创造条件。

◎ 参考文献

[1] 蔡昉．人口转变、人口红利与经济增长可持续性——兼论充分就业如何促进经济增长［J］．人口研究，2004，28（2）．

[2] 王树新，杨彦．老年人力资源开发的策略构想［J］．人口研究，2005，29（3）．

[3] 穆光宗，张团．中国人口老龄化的发展趋势及其战略应对［J］．华中师范大学学报（人文社会科学版），2011，50（5）．

[4] Maestas N..Back to work［J］.Journal of Human Resources, 2010, 45（3）：718-748.

[5] 程杰．"退而不休"的劳动者：转型中国的一个典型现象［J］．劳动经济研究，2014（5）．

[6] Brenda Gannon, Jennifer Roberts. Part-time work and health among older workers in Ireland and Britain［J］. Applied Economics, 2011, 43（30）：4749-4757.

[7] Peterson C. L., Murphy G.. Transition from the labor market: older workers and retirement［J］. International Journal of Health Services, 2010, 40（4）：609.

[8] Gielen A. C.. Working hours flexibility and older workers' labor supply［J］. Oxford Economic Papers, 2007, 61（2）：240-274.

[9] 陈贵富，苗馨月．中国老龄人口劳动参与、就业问题经验分析——

基于 CHNS 面板数据 [J]. 中国经济问题, 2016 (3).

[10] 于丽, 马丽媛, 尹训东, 等. 养老还是 "啃老"? ——基于中国城市老年人的再就业研究 [J]. 劳动经济研究, 2016 (5).

[11] 张川川. 城镇职工退休后就业行为: 基本事实和影响因素 [J]. 劳动经济研究, 2015 (3).

[12] 宋宝安, 于天琪. 城镇老年人再就业对幸福感的影响——基于吉林省老年人口的调查研究 [J]. 人口学刊, 2011 (1).

[13] 杨燕绥. 老龄人口、公共服务和绿色就业 [J]. 中国就业, 2011 (3).

[14] 田香兰. 日本老年人雇佣政策及其对中国的启示 [J]. 日本问题研究, 2012 (3).

[15] 朱正威, 刘慧君, 肖群鹰. 中国退休返聘公共政策环境分析 [J]. 西安交通大学学报 (社会科学版), 2005, 25 (2).

[16] 贾国年. 老年人的再就业与晚年生活 [J]. 人口研究, 1994, 18 (2).

第五章　湖北省进城务工人员就业与经济结构转型

一、提出问题

从1978年改革开放以来，家庭联产承包责任制的实施、农业劳动生产率的提高让农业领域的隐性失业人口变成了显性失业人口。大量的农业人口开始向工业转移，在1994年进入了高峰期。这些农业转移劳动力从以前的"离土不离乡"进入"离土又离乡"的阶段，标志着中国的进城务工人员进入一个新的阶段。

与进城务工人员转移相对应的是，中国经济也开始进入新的阶段，从以轻工业为主的经济结构转移到以重工业为主的经济结构上来了。大量进城务工人员在沿海制造业基地创造了社会财富，也获得了相对应的物质报酬。然后2008年美国次贷危机之后，世界经济陷入了长期的需求不振状态，对中国的外贸型制造业也造成了严重的冲击。在外部世界需求不振的状态之下，中国制造业的产能显得相对过剩，进城务工人员的就业问题也成为主要的社会经济问题。

1978年、1994年、2008年分别对应着不同的中国经济结构，也对应着不同的进城务工人员需求和任务。中国在2010年成为世界第二大经济体之后，原有的生产模式和生产方式快速转变，经济结构与社会的需求之间的矛盾也越来越大了。这表现为中国社会的矛盾由人民日益增长的物质文化需要和落后的生产力之间的矛盾，转化为人民日益增长的美好生活需要和不平衡、不充分的发展之间的矛盾。社会主要矛盾的变化，引发了经济结构、产业结构的一系列的调整过程。中国进城务工人员面临着新形势、新目标和新任务，他们的就业问题是这一调整过程的重要组成部分。

在此背景之下，对进城务工人员问题进行研究就显现出了必要性。通过对进城务工人员历史逻辑的梳理和现实特征的对比分析，可以发现进城务工人员演化的基本逻辑、趋势和规律，进而采取措施，解决进城务工人员就业和其他问题，促进社会和谐发展，有利于实现中国社会结构调整的总体目标。

湖北省的进城务工人员既有中国进城务工人员的一般特点，也有地域性特点。湖北省的人口流动可大致划分为四阶段：第一阶段是1979—1991年，随着家庭联产承包责任制的推行，农村流动人口政策的放开，大量农民开始进城和进镇，形成了进城务工人员流动的趋势。农村剩余劳动力转移由隐性变成显性。对应的，湖北省政府利用中央政策，积极为农民的自发流动创造了条件。这个阶段的进城务工人员主要是在县域内部流动，属于"离土不离乡"阶段。第二阶段是1992—1999年，中国加入世界贸易组织（WTO），市场需求的扩大，引发沿海地区制造业的大发展，需要大量的劳动力，引发了大量农业剩余人口到沿海就业的"民工潮"现象。农村劳动力流动进入高峰期，异地转移规模逐渐扩大。湖北省以促进就业、增加收入作为农村劳动力开发就业的指导思想，发挥资源优势，稳步提高了农村转移劳动力输出和就业率。第三阶段是2000—2005年，湖北省对农民进城的限制逐步放开，对待进城务工人员群体的政策从规范管理向保护服务转变，大量劳务输出缓解了东南沿海地区的"民工荒"。第四阶段是2005年至今，湖北省针对农村剩余劳动力转移的新特点、新问题以及大趋势，因地制宜，与时俱进，从统筹城乡就业、新市民工程等方面进行重点突破，推动了农村剩余劳动力的转移就业。

站在新的历史时点上，湖北省的经济结构调整正在不断深入，湖北省的进城务工人员就业及其市民化融入问题也有待解决。对湖北省进城务工人员问题特征的分析有助于我们了解湖北省进城务工人员状态发展的趋势,并制订前瞻性计划,促进湖北省经济结构转型的顺利进行。

二、数据来源及说明

进城务工人员指户籍仍在农村而进入城市务工和在当地或异地从事非农产业劳动6个月及以上的劳动者。

那么进城务工人员和劳动力转移这两个概念之间有什么区别呢？区别在于：(1)劳动力转移中可能包含了农业户口的人口流动和非农业人口的人口流动，而进城务工人员部分是单纯的农业户籍人口的人口流动。(2)在第二章讨论劳动力转移时，流动人口是按照居住地进行统计的，也就是说只讨论了流动人口在本地的流动，以及外地流动人口流入到本地这两个部分；至于本地的劳动力流出到外地部分，不属于居住地的统计范围。而本章节中进城务工人员是按照户籍地进行统计的，包括农村流动劳动力在本地的流动和流出到外地的部分。

人口普查数据是按照居住地统计常住人口，因此在人口普查中可以直接找到劳动力转移的数据，而无法找到进城务工人员的数据。因为进城务工人员流出到外地的数据进入了外地的人口普查数据了，要把这些数据收集起来，除非有原始人口普查数据库才可以进行，依据目前的汇总人口普查的二次数据，无法得到流出本地的流动人口数据。由此近些年出现的"进城务工人员"这个概念在历史统计年鉴上找不到对应的数据。

但是随着"进城务工人员"概念在学术界普遍使用，近几年《湖北统计年鉴》已经开始列举进城务工人员统计的数据。这些数据成为本研究分析湖北省进城务工人员特征变化、挖掘进城务工人员变动趋势的基础。

本章节中，没有特别说明和指出时，所有数据都来源于湖北省各年的统计年鉴。在湖北省的统计年鉴中，可以明确归纳出近五年来的进城务工人员的数据。从5年的时间序列数据中足以管中窥豹，发现进城务工人员变化的趋势。本章将利用 2011—2015 年《湖北统计年鉴》以及湖北省统计局官方公布数据来研究 5 年来湖北省进城务工人员就业的变化情况。

三、结构调整下湖北省进城务工人员特征的变化趋势

近十年来，随着湖北省农业经营方式创新和结构调整深入推进，湖北省的第一产业比重开始下降，在转变经济发展方式和大力发展第三产业的政策引导下，高新技术产业开始崛起，带动了工业高速发展。湖北省 2014 年的三次产业结构比重为 11.6∶46.9∶41.5，呈现出农业比重下降、工业和第三产业占比大的格局。过去 10 年来随着产业结构的变化，湖北省进城务工人员在数量、行业结构和地区结构上都发生了显著的变化。

（一）进城务工人员数量的变化情况

湖北省进城务工人员的数量情况见图 5.1，可以看出进城务工人员数量具有如下特点：

（1）在宏观数据上，进城务工人员的数量在增加。2013 年到 2015 年外出进城务工人员人数逐年增多，从 2013 年的 1385.5 万人增加到 2015 年的 1453.6 万人，增加了 68.1 万人；其中外出进城务工人员从 1081.9 万人增加到 1086 万人，增加了 4.1 万人，可以看出增多的主要是本地进城务工人员，从 303.6 万人增加到 367.6 万人，增加了 64 万人。

与中国进城务工人员总体情况相对比，2014 年，湖北省外出进城务工人员占湖北省总体进城务工人员比例为 76.4%，全国外出进城务工人员占全国总体进城务工人员的比例为 61.8%，这说明湖北省对省内进城务工人员的吸引力低于全国平均水平。

（2）湖北省境内外出的进城务工人员数量超出本土的进城务工人员数量，意味着大量的进城务工人员流出省外到其他地方就业。虽然超

第五章 湖北省进城务工人员就业与经济结构转型

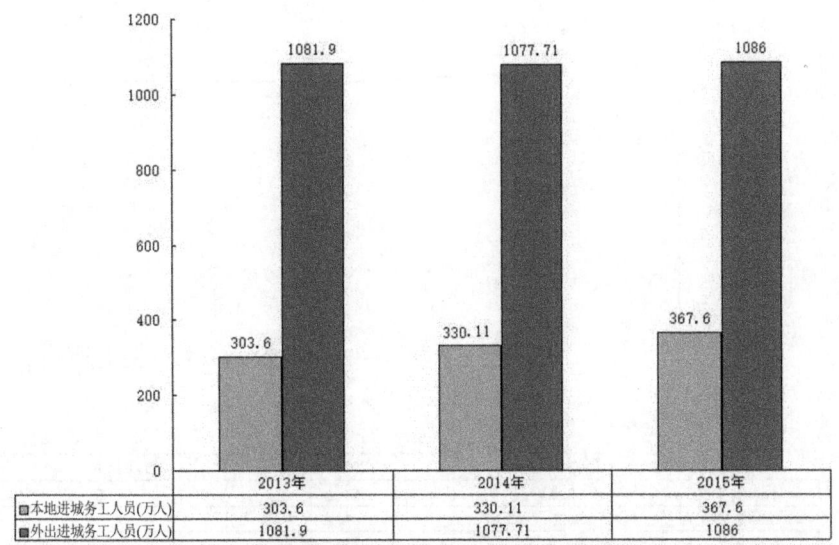

图 5.1 湖北省外出进城务工人员数量变化情况

过半数进城务工人员远离家乡到外省就业，但同时我们关注到，近年来省内就近就地转移趋势显现，在省内就业进城务工人员占比有所提高，原因是：第一，政府穿针引线，招商引资留住乡亲；第二，我省县域经济实力不断增强，而省外务工成本过高。可以作为佐证的是，2015 年的本土进城务工人员的数量比 2014 年本土进城务工人员的数量多了接近 340 万人。

(二) 进城务工人员的年龄变化状况

湖北省进城务工人员的年龄变化状况见图 5.2。按照 34 岁和 50 岁两个年龄点，把进城务工人员分成年轻型、中年型和老年型三个类型，看出湖北省进城务工人员年龄分布的特点：

(1) 湖北省进城务工人员 2013—2015 年的就业年龄结构基本没有发生很大的改变。16～34 岁的进城务工人员占比从 52.6% 下降到 51.3%，下降了 1.3%，而 35～50 岁的进城务工人员从 36.5% 下降到

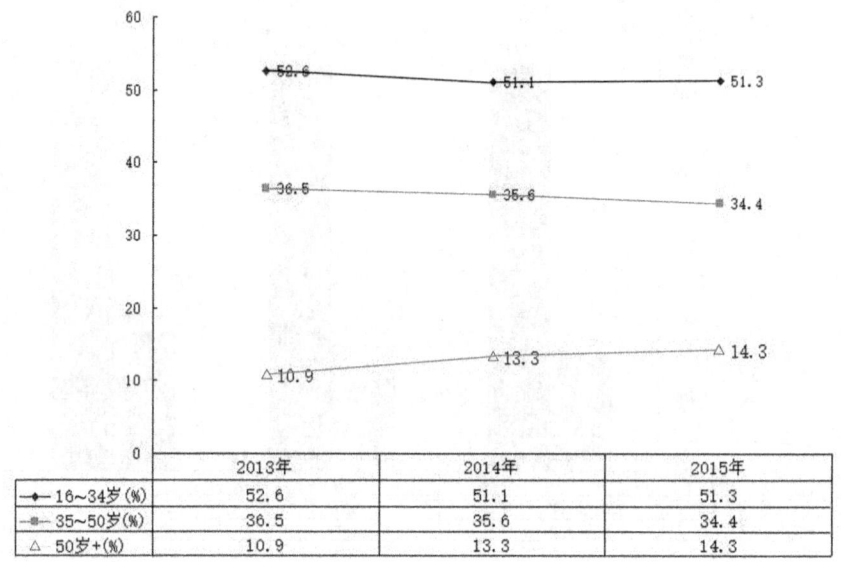

图 5.2 湖北省 2013—2015 年进城务工人员年龄分布状态

34.4%，下降了 2.1%；50 岁以上进城务工人员占比略有上升，从 10.9% 上升到 14.3%，上升了 3.4%。随着新型就业领域的不断开拓，体力投入要求少、适合年龄偏大人员的岗位不断增多，同时 50 岁以上人员有良好的经验和成熟的心态，通常不会轻易跳槽，深受用工企业青睐。五年来，虽然 50 岁以上外出人员占比只有一成多，但所占份额逐年稳步增加，而其他年龄段人员比重时有波动。

（2）湖北省进城务工人员仍以年轻型人口为主。在湖北省进城务工人员 2015 年的情况来看，16~34 岁的进城务工人员占比为 51.30%，超过了一半；35~50 岁的进城务工人员占比为 34.40%；35~50 岁的进城务工人员占比 14.30%；16~50 岁的进城务工人员占比超过 85%。可见湖北省进城务工人员主要是青壮年劳动人口。

（三）进城务工人员的性别分布变化情况

湖北省进城务工人员的性别分布状况见图 5.3。2011—2013 年，湖北省男性进城务工人员比例有所上升,从 62.3%增加到 66.7%;湖北省女性进城务工人员占比有所下降,从 37.7%下降到 33.3%。

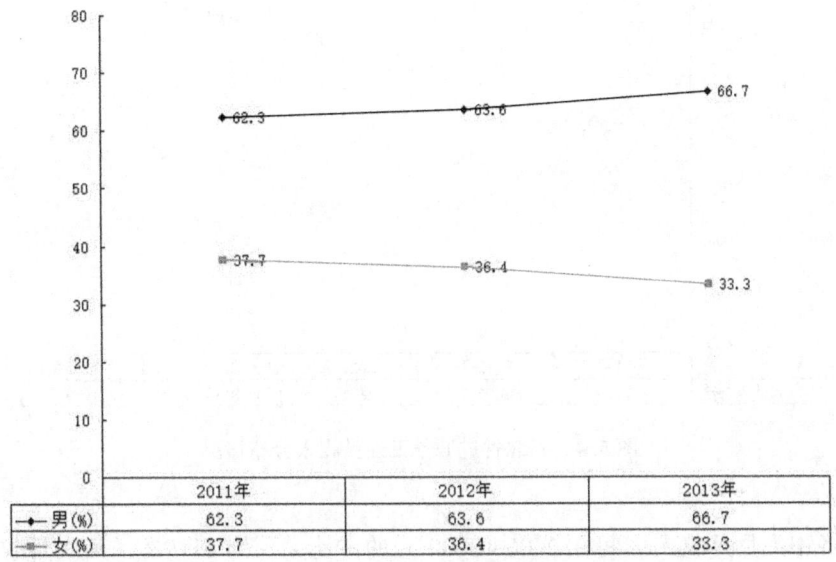

图 5.3 湖北省进城务工人员性别分布情况

从最近几年的情况来看,男性进城务工人员的比重都要比女性进城务工人员的数量要多。

一般而言,进城务工人员工作的环境较差,工作强度大,这种工作环境对女性而言是重大的挑战。女性进城务工人员的比例逐年下降,占比只有约三成。

(四) 进城务工人员收入变化情况

湖北省进城务工人员的收入情况见图 5.4,可以看出:

湖北省进城务工人员在 2011—2015 年的月工资水平逐年上升。从 2011 年的 2078.9 元上升到 2015 年的 3459.7 元。尽管有上涨,相对于物价水平而言,3459.7 元还是较低的工资水平。以 2015 年为例,进城

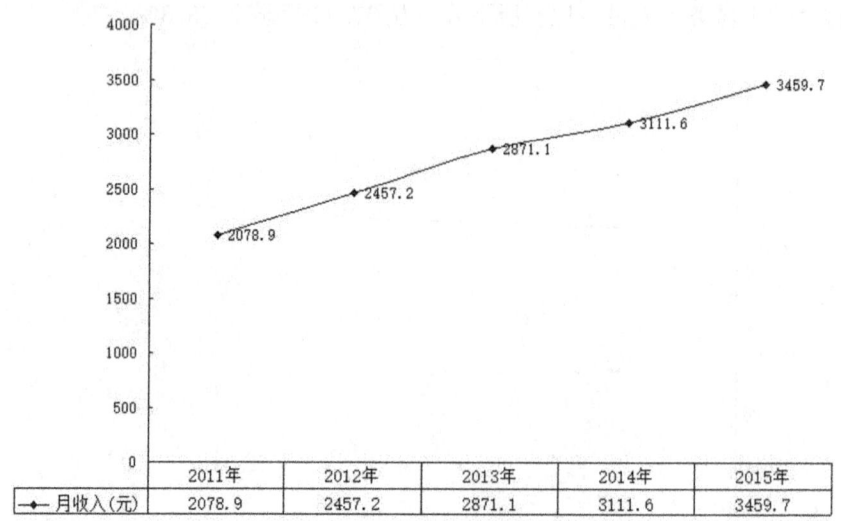

图 5.4　湖北省进城务工人员收入分布情况

务工人员月收入区间在 2400~3000 元的占比大，为 61.9%；其次是收入区间为 1600~2400 元，占比为 23.4%。整体来看，2015 年湖北省进城务工人员月工资低于 3000 元的占近 9 成，说明湖北省进城务工人员的工资水平还是处于一个较低水平。

（五）进城务工人员的工作强度变化

进城务工人员的工作强度可以通过每天工作的时间来反映。正常的工作时间是每天工作 8 个小时，超过 8 小时说明劳动强度过大。湖北省劳动力工作时间分布状况见图 5.5。

从 2012 年到 2015 年，湖北省进城务工人员的工作强度有如下特点：

（1）每天工作 12 个小时以上属于普遍现象。在 2012—2015 年，进城务工人员工作时间超过 12 小时的比重一直大于 60%。特别是在 2015 年，每天工作超过 12 小时的人数占当年总进城务工人员的人数的 75.5%。

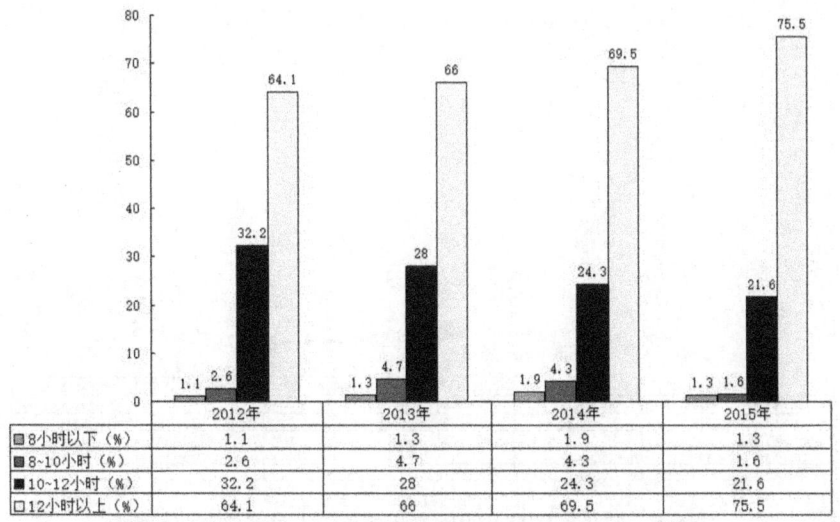

图 5.5 湖北省进城务工人员每天工作时间人数分布图

（2）随着时间推移，进城务工人员工作时间超长的现象没有根本性改变，而且在继续恶化。在 2012 年到 2015 年的 4 年时间，每天工作超过 12 小时的进城务工人员人数占当年总进城务工人员人数的比重从 2012 年的 64.1%，上升到了 2015 年的 75.5%。

（3）每天正常工作 8 小时的进城务工人员的比重呈现下降的局面。2014 年，每天工作 8~10 个小时的进城务工人员的比重是 4.3%；到 2015 年，该指标变成了 1.6%。这说明进城务工人员目前的劳动强度是比较大的，他们没有享受到国家规定的正常工作作息福利。

（六）进城务工人员就业行业结构变化

湖北省进城务工人员就业行业的分布状况见图 5.6，可以看出：

（1）湖北省进城务工人员主要就业于五大行业，分别为制造业、居民及其他服务业、建筑业、住宿和餐饮业以及批发和零售业。制造业是容纳进城务工人员数量最多的行业，其次是建筑业和居民服务业。

（2）随着时间推移，在"批发和零售业"与"居民及其他服务

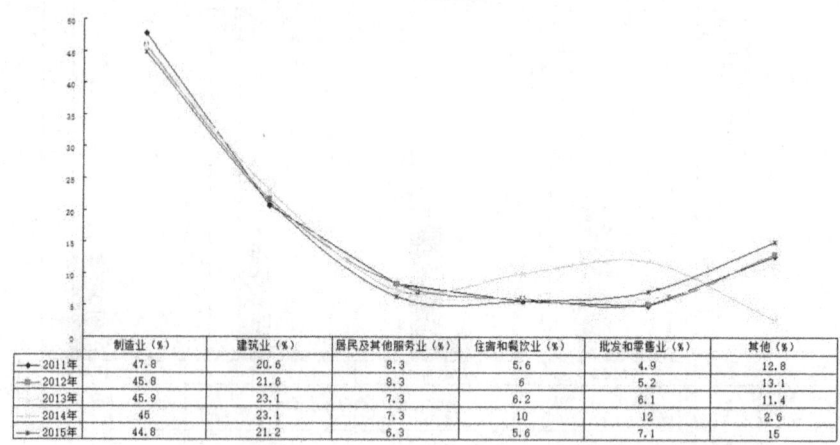

图 5.6 湖北省 2011—2015 年进城务工人员就业行业趋势

业"领域容纳的进城务工人员就业增多。"批发和零售业"就业进城务工人员人数从 2011 年的 4.9% 上升到了 2015 年的 7.1%;"居民及其他服务业"从 2011 年的 12.8% 上升到了 15%。这说明当前进城务工人员的就业有从制造业向服务业转移的趋势。

(七) 进城务工人员务工地区状态变化

湖北省进城务工人员务工地区分布状况见图 5.7。从地区结构来看,进城务工人员工作地以东部地区为主,其次是在本省就业。湖北省进城务工人员在东部地区就业人数占总进城务工人员的比重一直维持在 55% 左右,没有很大的变化;省内流动的进城务工人员的数量从 2011 年到 2015 年,出现了轻微的上升,从 2011 年的 35% 上升到 35.9%;到中部其他省和西部地区去的进城务工人员的数量出现了下降,在中部地区就业的进城务工人员从 2011 年的 5.2% 下降到 2015 年的 4.6%,到西部地区就业的进城务工人员从 2011 年的 3.1% 下降到 2015 年的 2.6%。

(八) 进城务工人员外出务工省份分布情况

湖北省的进城务工人员到东部务工的主要省份及城市是广东、浙

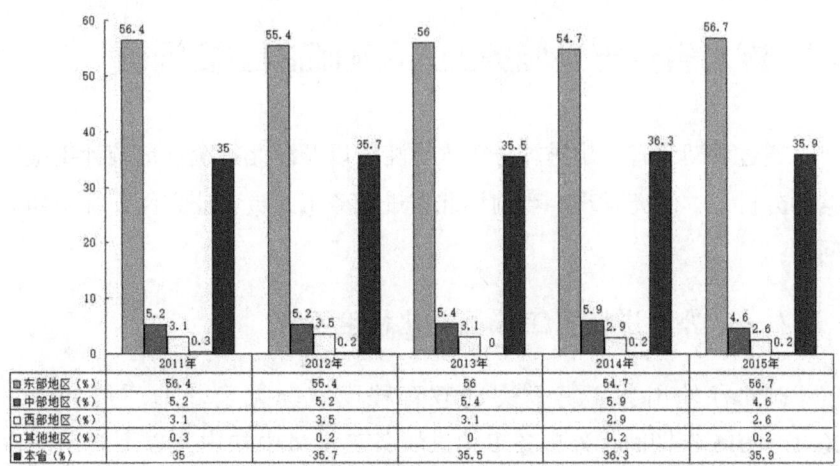

图 5.7 湖北省 2011—2015 年进城务工人员外出务工地区分布状态

江、北京、上海和江苏，2011—2015 年基本一直保持着这种状态。以 2015 年为例，湖北省进城务工人员在广东地区就业比例为 57.32%；其次是浙江地区，为 16.05%；在北京、上海、江苏的就业比例分别为 6.70%、6.00% 和 4.06%。详细情况见图 5.8。

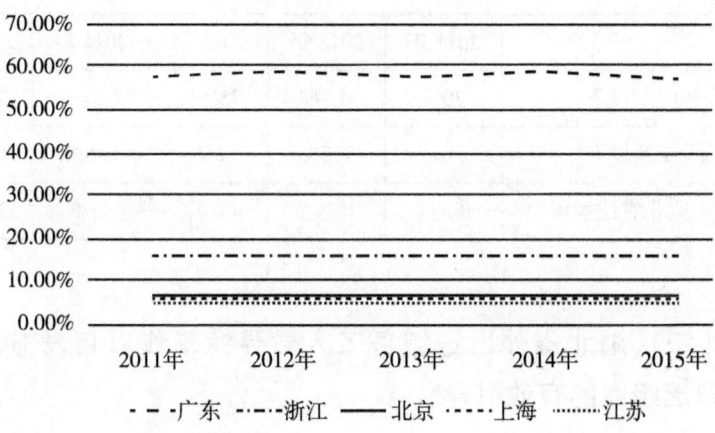

图 5.8 湖北省进城务工人员 2011—2015 年外出务工城市分布情况

四、湖北省外出进城务工人员面临的主要问题

通过对湖北省外出进城务工人员特征以及湖北省统计局统计年鉴数据的分析，本研究发现，当前湖北省进城务工人员就业方面面临着如下问题：

（一）外出进城务工人员文化程度不高

湖北省外出务工劳动力的教育程度状况见表5.1。可以看出，2011—2015年期间，外出务工的进城务工人员中初中及以下学历的占比都在70%以上，大专及以上学历的进城务工人员占比低于10%，反映出受教育程度偏低的现状。这将进城务工人员限制于从事低技能、高体力、低收入的工作。但是也可以看出，近几年来，湖北省参加职业培训的农民的比例开始上升，从2011年的36.9%上升到2015年的53.4%。

表 5.1　　　　　湖北省进城务工人员受教育情况

	2011年	2012年	2013年	2014年	2015年
初中及以下	70%	71.9%	75.9%	74.4%	71%
大专及以上	4%	7.3%	6%	6.5%	8.7%
接受职业非农技术培训	36.9%	36.4%	45.4%	43%	53.4%

（二）湖北省外出进城务工人员寻找工作以自发方式为主，缺乏组织的有效引导

湖北省外出进城务工人员寻找工作的方式情况见表5.2。外出进城务工人员寻找工作的方式以自谋出路为主、亲友介绍为辅，政府部门在就业引导、信息公开方面的作用微不足道。从2011年开始，政府组织

和中介介绍的比例不超出当年比重的5%。这种模式下，外出务工人员在外寻找工作的难度较大，可能在寻找工作过程中屡屡碰壁。进城务工人员寻找工作的盲目性也减少了进城务工人员转移的有效性，寻找工作过程中的成本对进城务工人员本身而言也是一个极大的负担。而且在陌生的城市环境中，进城务工人员的社会关系网接近于全新的状态，他们融入当地城市也非常困难。

表 5.2　　　　　　湖北省进城务工人员寻找工作的方式

外出方式	2011 年	2012 年	2013 年	2014 年	2015 年
亲友介绍	41.7%	45.1%	36.5%	40.8%	34.3%
自谋出路	52.1%	49.4%	58.9%	54.1%	57.8%
政府组织和中介介绍		3.9%	2.1%	2.3%	2.9%

（三）外出进城务工人员在所在地受到一些歧视

尽管当前中国制定了一系列公平的就业制度，力保所有的劳动者都能够平等地获得就业的权利。但是由于历史上的原因，进城务工人员在就业中的歧视问题并没有得到根本性解决。在进城务工人员就业的过程中，用人单位侵犯进城务工人员权益的事情时有发生。这些就业歧视表现在：

（1）合同问题歧视，包括：①不签订劳动用工合同。一些用人单位有法不依，劳动用工管理混乱，在劳动合同的签订、履行和管理上，不按国家有关劳动合同的规定要求与进城务工人员建立劳动关系，不签合同，采取口头约定或者签订"生死合同"等形式来规避法律责任。②签订不公平的劳动合同。有些用人单位利用资本的强势地位，和进城务工人员签订不公平的劳动合同。在劳动用工过程中，部分用人单位私扣押金证件、实行不平等规定。③不按照合同内容来执行。有些用人单位履行、续订、变更、解除和终止劳动合同不规范，劳动合同流于形式；拖欠劳动报酬，随意罚款，加班加点不给予相应补贴，剥夺带薪休假权利；歧视女职工。④故意利用进城务工人员对信息掌握不充分的弱点，制定偏颇的合同。有些用人单位不配备安全设施，不配发劳动保护用具，没有必要的安全生产、消防等防护措施。合同文本仅由用人单位持有，这为劳动纠纷和劳动争议埋下了隐患。

（2）待遇歧视。进城务工人员的劳动工资相对偏低。湖北省进城务工人员的工资情况见表5.3。数据显示，尽管湖北省进城务工人员平均工资水平在逐年上升，但是整体而言工资水平还是比较低，2015年的湖北省进城务工人员的平均工资水平为3459.7元。这个工资水平只能维持基本的生存需要，相对当前房屋价格，他们能够购买住房从而融入城市存在非常大的难度。

表5.3　　　　　　湖北省进城务工人员的收入水平

	2011年	2012年	2013年	2014年	2015年
收入水平（人均/元）		2457.2	2871.1	3111.6	3459.7

（3）进城务工人员的居住条件差。湖北省进城务工人员的居住情况见表5.4。近年来湖北省外出进城务工人员在住宿方面以租住在城中村为主；其次是住集体宿舍或者工棚；自己购房的情况非常少，比重基本维持在1%附近。建设部的调研显示，在一些沿海发达地区的城市，进城务工人员人均住房面积不足$7m^2$，居住集体宿舍的只有$5m^2$，集中居住在建筑业单位提供的宿舍的甚至不足$3m^2$，相比于中国城镇、农村居民人均住房面积分别为$27.1m^2$和$30.7m^2$而言，进城务工人员在外出地的居住环境只维持了基本生存的需要。

表 5.4　　　　　　　湖北省进城务工人员居住情况表

	2013 年	2014 年	2015 年
集体宿舍	32.1%	32.6%	37%
工地工棚	9.6%	10%	17.4%
城中村	57.2%	56.6%	40.1%
自购房	1.1%	0.8%	1.2%
单位缴纳住房公积金	5.2%	5.1%	5.1%
合计	100%	100%	100%

（4）工作环境差。根据 2014 年全国进城务工人员监测调查数据，53.7%的进城务工人员处在不良工作环境中，他们的工作环境至少符合"有毒"、"粉尘"、"噪音"、"潮湿"和"高空"五选项中的一项，这也使得很多进城务工人员患上职业病，或者受到职业病的威胁。国家卫生部门 2009 年统计数据显示，全国约有 1600 万家企业存在有毒有害作业场所，受不同程度职业病危害的职工总数约为 2 亿人。这些人中，保守估计进城务工人员所占比例高达 58%。

（5）缺乏社会支持系统的支持。所谓社会支持系统是指覆盖进城务工人员的医疗、社会抚恤、养老、失业领域的社会支持系统。长期以来，进城务工人员的社会保障一直存在空缺问题。国家在养老、工伤、医疗和失业领域都只顾及了户籍人口，而对于流入当地的进城务工人员，很少实施无差异的普遍性公民待遇，进城务工人员无法真正融入就业地。湖北省进城务工人员的社会保障情况见表 5.5，各种分项目社会保障的类别的数据都非常低，反映出湖北省进城务工人员在务工地社会保障覆盖薄弱的现状。幸运的是，随着国家的重视，湖北省进城务工人员的养老、工伤、医疗和失业保险方面的情况有所好转，相关数据存在上升的趋势。

表 5.5　　　　湖北省进城务工人员社会保障覆盖情况

	2011 年	2012 年	2013 年	2014 年	2015 年
养老保险	11%	10.9%	15.2%	15.1%	18.1%
工伤保险	19.2%	19.8%	25.9%	26.3%	34.4%
医疗保险	16.3%	15.9%	18%	18.5%	25.5%
失业保险	5%	4.1%	6.9%	8.3%	11.5%

五、政策建议和对策

作为一般性研究结论，有效应对进城务工人员就业问题的战略有四个方面：

第一，劳动力素质的优化是农村劳动力持续大规模转移的基础；

第二，符合国情的土地制度是农村劳动力转移的重要前提；

第三，发达的工业和第三产业是农村劳动力转移的基本条件；

第四，积极推进小城镇建设，实现农村劳动力的就地转移，是后期劳动力转移的重要途径。

结合湖北省的省情和解决进城务工人员就业问题的战略方向，本研究提出具体技术性手段和方法如下：

（一）政府要健全各项制度，为农村剩余劳动力转移创造宽松环境

（1）信息服务制度。由于进城务工人员就业前无法获取充分准确的就业信息，劳资双方在劳动力市场上存在着信息不对称现象。目前中国还未形成城乡统一的劳动力市场，人力资源市场信息网络及相关设施建设相对滞后，信息服务体系还不健全，市场信息发布制度还不完善。另外，政府对职业中介机构指导和监督力度不够，职业中介机构提供虚假就业信息、为无合法证照的用人单位提供职业中介服务、向进城务工

人员收取押金等现象依然存在。劳动力市场的信息不对称使得进城务工人员在就业时权益难以得到保证。政府需要充分利用农村市场信息体系，拓展服务领域，做好信息服务工作；与此同时，政府还应加强就业指导多元化，减少农民的盲目外出，降低外出成本；要充分发挥政府的主导作用，进行宏观调控，拓展服务领域，做好信息服务工作，鼓励企业实行网上"微招聘"；有序组织进城务工人员合理转移，引导进城务工人员向新兴产业转移就业；要对在培训期的农民给予一定的生活津贴，对于分工分业后的农民创办新企业，提供贷款补助等；要鼓励多部门、多渠道、多形式为农村劳动力提供法律服务；应规范人力资源市场，建立起统一、完备、规范的现代人力资源市场，保证劳动力流动的灵活性；发展多种形式的中介组织，加强就业信息、咨询、职业介绍、培训等在内的社会化就业服务体系；加强政府服务职能，切实落实《省政府关于进一步加强为进城务工人员服务工作的实施意见》，将做好为进城务工人员服务工作实行项目清单管理，真正为进城务工人员办实事。

（2）监管制度。包括：①政府监管。目前劳动保障监察机构人员编制较少、素质较低、经费短缺和装备落后等问题依然存在，导致监管不到位。同时，由于大多数进城务工人员属于短期的非稳定就业形式，流动性强，难以形成长期稳定的组织关系，工会参与率低。用人单位违法成本较低，侵害进城务工人员权益的现象时有发生。由于与进城务工人员就业相关的法律法规不够健全，虽然现行的劳动保障法律法规和相关政策对劳动者的合法权益作了许多规定，却未能有针对性地对进城务工人员这样的弱势群体给予特殊保护，一些现行涉及工资支付、劳动合同的具体规定只是部门规章，立法层次较低。②市场监管。加强就业服务市场监管。依法规范职业中介、劳务派遣和企业招工用工行为；打击以职业介绍或以招工为名坑害进城务工人员的违法犯罪活动。

（二）加强职业技能培训，提高进城务工人员的劳动力素质

农村劳动力的转移受自身文化水平的制约，劳动者的受教育水平直接影响甚至决定着劳动力转移的难易度，以及转移后的职业稳定性和收入的丰富性。为此，有效的教育培训是必不可少的。进城务工人员要提高对社会发展的认识和就业形势的分析判断能力，积极参加适合自身的各类职业技能培训，提高专业技能水平，更好地融合到产业结构调整深入推进和新兴产业逐步升级的大潮中，满足社会对就业的客观需求。在这个过程中，政府要做到：

（1）把就业、创业培训贯穿于转移的整个过程来抓，整合资源，采取指导企业培训、校企联合培训、定向培训、订单培训、就近就地培训等多种方式，促进劳动力综合素质的提高和自我发展能力的增强，实现经济与教育的协调发展。

（2）开展有针对性的职业教育，探索农村职业教育发展的新模式。大力发展农村中等职业学校教育，在学校专业设置上以企业需求为导向，并开展各种形式的联合办学和工学结合，也可利用企业及中等职业学校的资源开展进城务工人员培训，提高中等职业学校教育和其他技能培训的效率。不同性质单位及职业类型，对技能专业性及技术等级要求不同，而进城务工人员自费参加或政府组织的培训通常缺乏市场需求的基础，效率较低。一方面应鼓励进城务工人员自主选择技能培训的内容和方式，另一方面可采用政府资助、农民自主选择培训内容和形式的模式，采取政府购买培训服务或政府与企业联合培训的方式，对培训费用给予补助等，提高培训的效率和农民参与培训的积极性。推动技能培训常态化，政府应将其纳入免费职教体系，根据市场需求和进城务工人员意愿因事制宜的安排职业技能培训，提高专业技能和务工能力。

(三) 推进城镇化建设,增强吸纳农村剩余劳动力转移的能力

湖北省的外出务工人员中57.5%流向省外。农村劳动力过多地向省外转移,减少了本省的人力资本,影响湖北经济的发展。湖北省需要努力推进新型城镇化建设,接纳农村富余劳动力;在进行城镇化时要洞察到城镇化的根本应是"人的城镇化",破解深层次障碍,改革户籍制度,推动进城务工农民市民化;多举措留住返乡农民,引导外出农民返乡务工和创业;鼓励农民就近就业,降低就业成本,做到家庭和事业两不误,同时减轻春运期间的交通压力;铺路架桥,支持务工人员返乡创业;制定并落实好优惠政策,帮助和支持外出务工人员返乡创业,为返乡创业人员提供一个较好的创业环境。

(四) 强化输入输出地的转移服务,让农民安居乐业,倡导举家外出务工,实现定居转移

需要建立一套有效机制,解决农村"空巢老人"、"留守妇女"、"留守儿童"难题,使农村老人抚养、幼儿托管、妇女心身健康得到保障,在外务工人员安心工作。政府应解决好留守儿童和老人的问题,解决后顾之忧。留守儿童和老人是外出务工人员最为关心的问题,政府应多出台政策,帮助解决老人养老和子女受教育的问题;着力解决户籍、住房问题等拦路虎,倡导有能力人员举家外出务工,实现定居转移,使其成为城市市民,实现真正意义上的城镇化。

(五) 完善社会保障功能

这方面的建议包括:建立突破户籍地限制服务就业的工作机制,落实好国家稳定就业的积极政策,在社会保障和维权服务方面让进城务工人员得到实惠;要逐步改革户籍制度,落实放宽中小城市和小城镇落户条件的政策,促进符合条件的进城务工人员在城镇落户并享有与当地城镇居民同等的权益;消除附加在户籍制度之上的其他附加功能,在住

房、就学、社会保障、社会管理等方面推进与户籍制度改革相关的配套改革。为此必须做到：

（1）要健全进城务工人员社会保障制度，深入开展工伤保险全覆盖行动，加强职业病防治和进城务工人员健康服务，保障进城务工人员的职业安全；将与企业建立稳定劳动关系的进城务工人员纳入城镇职工基本医疗保险，抓紧落实包括进城务工人员在内的城镇企业职工基本养老保险关系转移接续办法；要鼓励有条件的地方和企业通过多种形式，提供符合进城务工人员特点的低租金房屋，改善进城务工人员居住条件。

（2）加大对欠薪违法行为的处罚力度，实行缴纳工资保证金等分账管理制度，构建解决进城务工人员工资拖欠长效机制，切实维护进城务工人员劳动报酬权益；要实行各类保险政策对进城务工人员全覆盖，制定完善养老、医疗保险转移接续办法，确保进城务工人员持续性参保，让进城务工人员少有所为、老有所养；最后要大力推进进城务工人员市民化，让进城务工人员在劳动就业、社会保障、义务教育、公共卫生等方面平等享受城镇公共服务，缩小城乡差别化待遇。

（3）政府应加强劳动保障监察，发挥企业工会职能。由于政府职能部门和司法机关工作不到位，可能出现不想管、管不到、不能管的情况，因此，政府的强力介入能够使工方和进城务工人员之间的力量及地位得到平衡。劳动保障监察是根据国家劳动保障法律法规，规范劳资行为、维护劳动者权益的体制内途径，它在协调劳动关系、维护劳动者权益、化解劳动关系矛盾方面具有主导地位。因此，要强化企业劳动保障监察功能，充实劳动保障监察队伍，教育培训执法人员，提高执法人员素质，有效履行劳动监察职责，使国家的劳动保障法律法规得以贯彻执行；地方官员要确立科学的政绩观，消除行政处罚过程中人情关系的影响。用人单位工会组织要积极吸纳进城务工人员加入工会，发挥企业工会职能；指导员工签订劳动合同，推动员工参与民主管理，广泛推行集体协商制度，规范集体合同的签订；争取和维护进城务工人员的各种合法权益，构建企业和谐劳动关系。

（六）建立和完善相关法律法规，加大行政执法力度

（1）有关部门对可能构成进城务工人员就业歧视的政策文件要作进一步的清理。尽快制定《反就业歧视法》，建立统一的反就业歧视专门机构；完善反就业歧视的司法救济机制，包括建立健全中国反就业歧视的违宪审查制度，把就业歧视争议纳入劳动争议范围；建立反就业歧视的其他"合作"司法机制。

不断完善制裁就业歧视的法律责任制度。中国目前制裁就业歧视的法律责任形态主要包括罚款、没收违法所得、责令改正、关闭与吊销营业执照等，要适当加大行政执法和制裁力度，提高不法企业的违法成本。同时还要做好对进城务工人员的法律服务和法律援助工作，推进仲裁机构实体化和仲裁员队伍职业化建设，完善仲裁程序，及时处理涉及进城务工人员的劳动争议案件，为进城务工人员平等就业创造良好的法治环境。

（2）有关部门还应监督用人单位，规范劳动用工管理制度，推进劳动合同的签订、履行和管理。劳动合同是劳动者与用人单位确立劳动关系，明确双方权利和义务的书面协议，是维护双方合法权益的根本保证，是平等就业的最基本法律保障。目前，中国进城务工人员劳动合同签订率已经得到极大提高，但由于各种原因，依然存在劳动合同管理混乱的现象。为此，必须适当调整现行劳动合同管理制度，允许短期劳动合同采取多种形式；完善现行劳动法律制度中的长期雇佣制度；建立健全用人单位劳动用工备案制度；加强劳动合同的订立、履行、变更和终止（解除）各个环节的宣传、指导、培训和督查；推行劳动用工诚信评价机制；充分挖掘、综合整治执法资源。同时，切实改善进城务工人员工作环境，提供良好防护措施；建立有效沟通网络，开展教育培训服务；实施员工援助计划，增强进城务工人员对用人单位的归属感和忠诚度。

◎ 参考文献

[1] 张弘玮. 经济新常态下南昌市农民工就业问题研究 [D]. 江西财经大学学位论文, 2016.

[2] 高乐. 经济新常态下中国农民工就业环境分析 [J]. 北方经贸, 2016 (4).

[3] 高乐. 经济新常态下农民工就业问题研究 [D]. 黑龙江大学学位论文, 2016.

[4] 秦磊. 城乡一体化进程中的农民工就业问题研究 [D]. 四川农业大学学位论文, 2015.

[5] 陈至发, 郭如平, 赵欢君. 经济转型升级背景下新生代农民工就业能力提升行为研究 [J]. 绍兴文理学院学报（哲学社会科学版）, 2014, 34 (6).

[6] 吕效华. 经济欠发达地区新生代农民工就业区域选择研究 [J]. 中国青年研究, 2014 (5).

[7] 相征. 产业结构调整与农民工就业研究 [D]. 东北师范大学学位论文, 2014.

[8] 刘洁. 农民工就业问题研究 [D]. 天津大学学位论文, 2013.

[9] 郑志佳. 城镇化进程中河北省农民工就业问题研究 [D]. 天津财经大学学位论文, 2013.

[10] 李晓东. 社会主义市场经济条件下农民工就业歧视问题研究 [D]. 内蒙古大学学位论文, 2013.

[11] 高伟. 农民工就业质量评价体系构建及应用 [D]. 沈阳农业大学学位论文, 2012.

[12] 张峰. 转变经济发展方式背景下新生代农民工就业问题与对策研究 [J]. 农村经济, 2012 (2).

[13] 黄瑞玲, 安二中. 经济波动下返乡农民工就业促进机制的创新——基于江苏省13市1106名返乡农民工的调研 [J]. 现代经

济探讨，2011（9）.

［14］李燕平. 中国新生代农民工就业问题研究［D］. 中央民族大学学位论文，2011.

［15］栾文建. 农民工就业困境及其对策问题研究［D］. 江苏大学学位论文，2010.

［16］靳光宗，吴霜. 转型时期的农民工就业问题研究——基于经济和社会的角度［J］. 劳动保障世界（理论版），2010（8）.

［17］李小红. 新生代农民工就业问题研究［D］. 山西大学学位论文，2010.

第六章　湖北省城市现代服务业就业与经济结构转型

一、现代服务业含义及其对经济结构调整的意义

(一) 现代服务业的含义

随着中国产业结构不断调整，农业、工业在国民经济中的比重不断降低，服务业不断崛起成为经济发展的主导力量。但是，当前服务业在目前技术水平和经济规模状态之下，经过信息化、工业化改造之后的服务业和传统的服务业显而易见是不一样的。中国政府创造性地提出了"现代服务业"概念，并在2011年颁布的"十二五"规划纲要中明确表示要"着力培育产业竞争新优势，加快发展战略性新兴产业、现代服务业和先进制造业"。

国内理论界对于现代服务业这一概念的含义有两种观点：

一种是强调现代服务业是依托于现代高新技术而发展起来的。例如，2012年1月29日科技部印发《现代服务业科技发展"十二五"专项规划》，明确定义现代服务业为："以现代科学技术特别是信息网络技术为主要支撑，建立在新的商业模式、服务方式和管理方法基础上的服务产业。它既包括随着技术发展而产生的新兴服务业态，也包括运用现代技术对传统服务业的改造和提升。"

另一种是强调现代服务业主要是为企业、组织和政府提供服务的。

对现代服务业的诠释为"现代服务业是为了满足企业和其他社会组织商务活动（公务活动）的功能强化与职能外化的需要而发展起来的，要为企业和其他社会组织的商务活动（公务活动）降低成本、扩展功能、提升效率而提供服务的相关产业部门。"

综合这两种学术观点，本研究把现代服务业的内涵概括为：以信息技术为支撑，因应社会分工细化、消费结构升级或是管理理念现代化而涌现的新兴服务业，同时包含被现代化技术改造提升、满足社会各阶层多重需求的传统服务业。

（二）现代服务业对经济结构调整的意义

1. 现代服务业对经济增长的作用

现代服务业作用主要体现在，一方面，深化了社会分工；另一方面，又联结起经济分工的各个部件和环节，实现社会再生产的完整功能。由于这一作用，现代服务业成为现代经济增长的引擎和经济竞争力提高的助推器，是现代经济增长的基本动力来源。详细来说，现代服务业对经济增长的作用体现在：

（1）现代服务业是国民经济各产业分工部门黏合剂，它把各个分散和分工的产业部门整合起来，构成了国民经济产出的一个整体。这个功能使得现代服务业成为经济增长和效率提高的加速器、经济竞争力提升的牵引力、经济变革与经济全球化的催化剂。随着经济发展、市场容量不断扩大、分工与专业化逐渐深化趋势的日益强化，经济效率越来越取决于不同生产活动主体之间建立起来的联系的便捷顺畅与否，而不仅仅决定于生产活动本身。没有现代制造业在各社会分工部门之间的穿针引线，各个产业之间的相互关联将受到破坏。

（2）现代服务业本身也是产业结构的一个构成部分，是国民经济增长的重要环节。随着现代服务业的发展，服务和制造进入了两者高度相关互补的阶段。现代工业生产已经越来越多地包含了生产性服务作为中间投入要素，中间需求在经济发展水平提高的情况下逐渐扩大，服务业的需求也在不断加大。商业、金融保险、运输、电信、公共事业作为经济发展的基础,具有很强的外部性。这类现代服务能够通过降低交易费用达到降低生产成本的目的,分工成本的降低有利于推动分工深化,最终推动经济的增长。从这个角度来看,现代服务业本身的增长体现的是国民经济的增长。

(3) 现代服务业是产品价值的主要源泉。根据生产价值链理论,在生产链条的各个环节中,每个环节所创造的价值是不同的,企业所创造的价值实际上主要来自价值链上的某些特定活动。这些创造较高价值的部分,就是企业价值链的战略环节。依据国际经济发展经验,随着市场竞争的加剧,企业的竞争优势越来越不体现在生产加工环节,生产性服务活动越来越具有战略环节的性质。现代服务业就具有生产型服务性质。在现代社会化大生产中,企业利润的主要价值来源不在于加工制造,而在产品的研究设计、市场开发等生产性服务链条上。在生产的上中下游阶段都有对中间服务的需求:在生产的上游阶段,所需投入的专门服务有可行性研究、风险资本、产品概念与设计、市场研究等;在生产的中游阶段,一些服务与商品生产本身结合,如质量控制、设备租赁、保养与维修等;一些服务与生产中游并列而行,如会计、人事管理、保险;在生产的下游阶段,所需服务包括广告、运输、销售等,生产性服务提供了产品增加总值中越来越大的部分。生产企业在产品市场上保持竞争优势的关键是保持上中下游三个阶段服务的优势,因为贯穿于生产三个阶段的服务,在产品价值链中都胜过生产制造阶段。现代制造业恰恰在保持生产上中下游的连续性中起到重要作用,并由此形成了生产过程不可或缺的部分,其价值由此产生。

2. 现代服务业对经济结构调整的作用

现代服务业对经济结构的调整功不可没,表现在:

(1) 产业结构各个分工部门的调整,不能缺少现代服务业的配合。产业结构从第一产业为主导的结构形态,转变为以第二产业为主导的结构形态,进而转变为以第三产业为主导的结构形态过程中,必须有现代服务业的配合,这种转变才可以最终得到实现,原因就在于现代服务业是产业结构各个部类之间的链接。没有现代服务业的调整,各种信息、资源和能源流的流向和流速就会发生改变,各个产业部类内部固有的比例关系就会打破,产业顺利发展无从谈起。

(2) 现代服务业作为经济增长的构成部分,本身也是产业结构调整的一个内容。现代服务业是传统服务业的概念演化和升级,它包含了技术进步的内容;同时,现代服务业本身的调整也意味着经济结构的调整。它是促进产业结构分工各个部门之间协调发展的"黏合剂",而它本身也不是静态的,随着现代技术本身的发展在不停地发展,特别是在现代互联网技术发展、生产智能化,各种高技术层出不穷的状态之下,现代服务业的范围也在不断地扩大。现代服务业在不停外延式扩大的同时,它的产业链接功能在各个产业之间链接的程度也在不停变动之中,这就要求产业结构固定的技术参数必须进行相应调整。产业结构内部各种关系调整的结构会带来经济的增长效应。也就是说,现代服务业的调整不仅带来自身对于经济增长的贡献,它还会通过改善现代产业结构内部各个部门之间协调发展进而带来经济全面的增长。

(3) 现代服务业的发展具有调整产业就业结构的作用。通常来说,传统产业存在边际效用递减的效应,对就业的吸纳功能逐渐递减。如果产业链无法扩展,就业的效应就会减弱。现代服务业中很多环节都包含着智力和信息部分,这些功能不存在边际效应递减的功能。其中信息的传递,产生的是效应递增的功能,会对就业产生新的、扩大的需求,引发就业的增加;与此同时,信息递增会引发产业链的延长,延长的产业链对就业的扩张也有帮助。因此现代服务业是未来吸纳就业的主要方向。从其他产业中析出的劳动力,未来都只能在现代服务业中得到解决。当今的很多实证研究都证明现代服务业具有创造和吸收就业的核心功能。

二、现代服务业统计数据范围的确定

在统计口径上,国家统计局对现代服务业的含义并没有明确的规定。

国民经济行业分类方法曾在 2011 年作出修订，但是其中并没有规定现代服务业的统计内涵，因此当前对现代服务业的统计，是以统计局发布的《国民经济行业分类与代码》为基准，根据不同的定义与理解进行满足自己研究状态的分类，形成了很多的分类方法。

在参考其他学者研究成果和数据可获得性的基础上，本研究把现代服务业统计口径界定为，第三产业中除去交通运输、邮政仓储，批发零售和住宿餐饮三个大类之后的服务业门类，剩下的类别作为本研究现代服务业统计的范畴。在统计上进行这种处理的原因是由于这三个行业在过去 20 年中，在技术上并没有发生显著的变化，在服务内容上也没有产生与过去截然不同的差别。

鉴于此，本研究的现代服务业的统计范畴包括：信息传输、计算机服务和软件业，金融业，房地产业，租赁和商务服务业，科学研究、技术服务和地质勘查业，水利、环境和公共设施管理业，居民服务和其他服务业，教育，卫生、社会保障和社会福利业，文化、体育和娱乐业，公共管理和社会组织十一大类。

由于在 2002 年和 2011 年中国产业的分类标准《国民经济行业分类方法》进行了修订，统计年鉴上的同一个指标数据事实上统计口径并不一致，因此本研究在数据处理时只能对有关数据按照本章规定的现代服务业统计内涵进行修正处理，从而保持统计口径上的前后一致性，以便最终形成比较客观可信的结论。

需要说明的是，由于现代工业的集聚的核心和主要部分在地域上都是在城市，由此也带来人员在城市的集聚。现代服务业和现代工业之间相互耦合，城市实际上也是现代服务业的人口载体。基于这个原因，在统计湖北省劳动力人口就业时，本研究在地理范围上主要考虑了城市劳动力在现代服务业领域的分布情况。

本章节数据如未特别注明，都来源于 2011—2016 年《湖北统计年鉴》。

三、湖北省城市现代服务业就业的基本状态

（一）湖北省城市现代服务业就业的趋势

1. 城市现代服务业就业人口总量趋势

湖北省城市现代服务业就业的人口总量呈现增加的趋势。在2010年至2015年间，城市现代服务业就业人口的总数从2010年的23.1万，增加到2015年的29.9万人，5年时间增长了6万人。湖北省城市现代服务业就业数量变化趋势情况见图6.1。

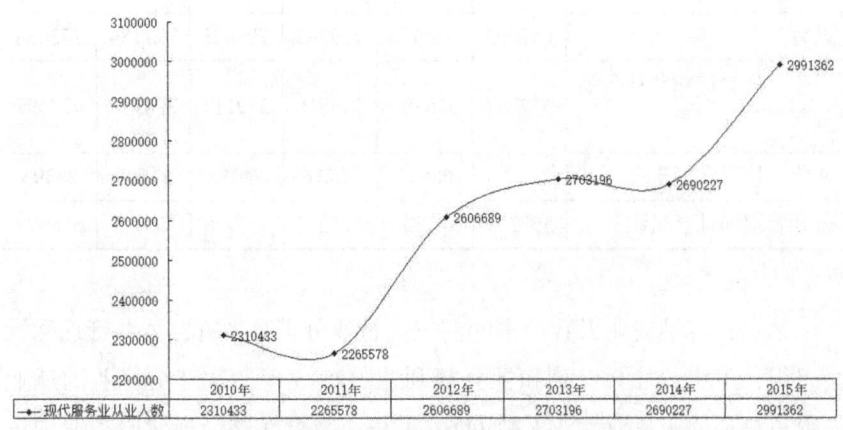

图6.1　湖北省城市现代服务业劳动力就业数量趋势图

2. 湖北省城市现代服务业就业分行业的趋势

（1）城市现代服务业分行业的就业容量。

湖北省城市现代服务业就业分行业分布见表6.1。表6.1具有如下特点：

表 6.1　湖北省城市现代服务业劳动力就业分行业分布表　　单位：人

	2011年	2012年	2013年	2014年	2015年	2016年
信息传输、计算机服务和软件业	73624	78865	82480	119747	134470	146040
金融业	171763	159105	166787	177776	184698	200265
房地产业	114891	138917	177853	201808	204911	212710
租赁和商务服务业	78326	79988	96051	143972	158753	147322
科学研究、技术服务和地质勘查业	121124	125559	147659	169243	173239	181022
水利、环境和公共设施管理业	94655	94601	103124	99842	112349	121745
居民服务和其他服务业	37842	47883	49137	52309	56291	55333
教育	682563	684670	739282	708633	727184	772038
卫生、社会保障和社会福利业	312287	318886	348818	379113	394981	427497
文化、体育和娱乐业	66128	68635	80216	74015	84648	88393
公共管理和社会组织	557230	547334	615282	576738	593173	638997

第一，容纳就业人数最多的前三大行业分别是教育，公共管理和社会组织，卫生、社会保障和社会福利业。2015年，这三个行业的就业人数占总现代服务业就业人数的61.42%。教育在整个现代服务业中占据了绝对的比重，2015年占总现代服务业的25.8%。可见湖北省现代服务业就业中占主体数量是教育行业，劳动力市场对教育人才存在高需求，进一步引发教育市场上供给的增加，形成了教育业就业和教育需求之间的正反馈路径，使得湖北省教育业在现代服务业中占核心地位。当然近年传统教育行业在新信息技术应用上，存在显著的进步，网络课堂、云端教学等新型授课方式逐渐走红，吸引了更多的人士从事该行业的工作。

第二，就业体量较小的行业是居民服务和其他服务业，以及文化、体育和娱乐业两个大类行业。居民服务行业主要影响因素包括城市社区数量、社区区域大小、行业规模等。居民服务和其他服务业就业人数较少，反映的是城市内部分工布局的不合理；文化、体育和娱乐业的从业人员数量较少的原因在于湖北省文体娱乐产业上规模小，还存在很大的发展空间。理论上而言，随着经济水平的不断提高，人们在物质需求得到满足之后，会存在精神层面的需求。文化、体育和娱乐产业就是适应和满足人们精神需求而出现的。随着中国经济的发展，人们收入水平提高，这个产业应该能够承载更多人就业。而目前湖北省该产业的就业人数排列靠后，可见这是需要在产业结构转型过程中，有目的、有意识地进行培育的领域。

（2）城市现代服务业分行业的增长率。

湖北省城市现代服务业从业人员数量持续上升的行业包括信息传输、计算机服务和软件业，房地产业，卫生、社会保障和社会福利业。行业就业人数增长率最高的是信息传输、计算机服务和软件业，达到了98%；其次是租赁和商务服务业，为88%。这说明当前知识密集型行业开始成为现代服务业行业发展的新方向。增速较慢的行业是教育行业，为13%。教育从业者数量多，但由于就业基数大，该行业存在一定的滞胀状态。也就是说，湖北省现代服务业的增长潜力方面，与现代技术产业相适应行业的就业潜力更大。而随着计划生育政策长期实施之后，出生人口数量下降，受教育人口数量随之下降，教育业本身面临萎缩的问题，造成教育业就业容量的下降。

（二）城市现代服务业的社会学特征变化

1. 城市现代服务业劳动力的年龄分布

湖北省城市现代服务业就业劳动力的年龄分布见图6.2。湖北省现代服务业的年龄结构中，就业人口的年龄分布主要分布在25岁至44岁这个区间。该区间之内，每个组别（24~29岁，30~34岁，35~39岁，40~44岁）的就业人口数量都超过3.5万人。就业人口数量大致呈现出正态分布的状态。60岁以上的人口在现代服务业中就业的数量较少，原因应该与他们通过退休退出劳动力市场有关。

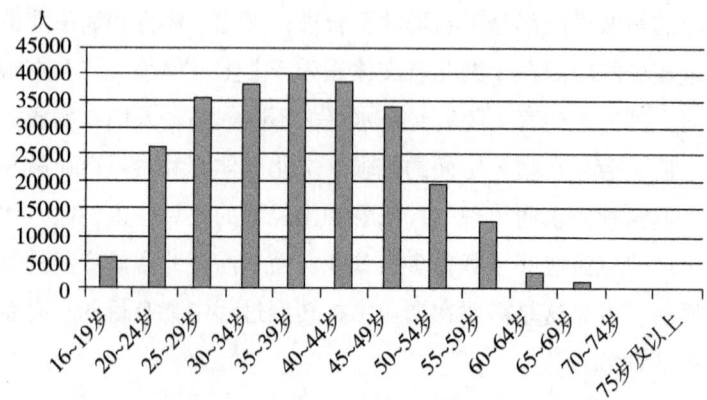

图 6.2　湖北省城市现代服务业就业劳动力年龄分布图

2. 湖北省城市现代服务业就业劳动力性别分布情况

总体看来,湖北省城市现代服务业中性别比较平衡。但是从行业来看,科学研究、技术服务和地质勘查业的性别结构差异最大,男女性别比达到了 1.9∶1,这说明科学研究和地质勘探领域主要以男性为主;在教育行业中,性别比率最均衡;而在卫生、社会保障和社会福利业中,女性占了很高的比率,在该行业中发挥了更大的作用。湖北省城镇性别比例分行业情况见表 6.2。

表 6.2　　　湖北省城市现代服务业分行业性别分布表　　　单位:%

	信息传输、计算机服务和软件业	金融业	房地产业	租赁和商务服务业	科学研究、技术服务和地质勘查业	水利、环境和公共设施管理业	居民服务和其他服务业	教育	卫生、社会保障和社会福利业	总计
男	58.79	50.23	63.99	63.84	65.64	58.69	54.79	50.48	41.75	53.13
女	41.21	49.77	36.01	36.16	34.36	41.31	45.21	49.52	58.25	46.87
总计	100	100	100	100	100	100	100	100	100	100

四、湖北省现代服务业面临的问题

尽管湖北省经济不断增长，现代服务业发生了很多变化，在就业方面取得了一定成绩，但是湖北省城市现代服务业就业方面依然存在许多问题，体现在：

第一，湖北省现代服务业产值较低，现代服务业就业容量有限，就业人数占总就业人数的比重低。

在发达国家和地区的经济结构中，服务业增加值占国内生产总值的比重、服务业就业人数占全部就业人数的比重这两个指标都达到60%以上。以美国为例，2011年服务业就业人数就达到总就业人数的68%，服务业增加值占国内生产总值的比重更是高达78.6%。在中国，三次产业增加值的比例结构和就业结构分别为14.8∶52.9∶32.3和49.1∶21.6∶29.3，服务业增加值在国民生产总值中的比重和服务业吸纳就业的比重都明显偏低。在湖北省，单纯就第三产业而言，2015年的第三产业的总值占GDP的比重为43.1%。第三产业生产总值占比在2008年至2012年之间，还处于波动中下降的态势，由39.4%下降到了36.9%。这说明湖北省目前现代服务业领域在整个GDP的比重规模偏小，发展较为滞后；也说明湖北省现代服务业的发展大有潜力。在产业结构调整中，需要把现代服务业作为重要发展方向进行培育。

由于规模偏小，湖北省城市现代服务业就业的人数占当年总劳动力人数比重较低。从2010年以来，湖北省城市现代服务业就业人数占当年总劳动力人数的比重一直在30%左右，没有出现重大变化。而中国的沿海发达地区该指标一般是60%。两者比较，说明湖北省在现代服务业就业上还要进行大力的拓展。2010年以来湖北省现代服务业就业人数占劳动力总人数的比重状况见表6.3。2015年湖北省城市现代服务业就业的人数与2010年相比，还稍微存在下跌的趋势。

表6.3　　　　　湖北省现代服务业就业人员占比

年份	2010	2011	2012	2013	2014	2015
现代服务业就业人数(人)	2310433	2265578	2606689	2703196	2690227	2991362
占劳动力总人数的比重	32.40%	27.89%	30.17%	27.23%	26.31%	28.93%

第二，湖北省城市现代服务业的配套支撑体系不完善。

在现代制造业的生产环节中，服务业的效率对整个流程的效率的制约作用至关重要。生产前的服务除研究开发外，还包括人员培训、经营管理、会计服务、信息服务等能够提高企业经营效率和生产效率的服务，生产后的相应服务包括物流、通信、仓储等能够实现生产价值、满足最终需求的服务。目前，湖北省现代服务业中针对生产者服务的部分发展不充分，没有形成完善的服务体系，牵制了生产者的发展。

第三，湖北现代服务业中新兴部门人才流失现象严重，现代服务业后备人才储备不足。

2014年7月18日，武汉市人民政府办公厅印发了《武汉市大数据产业发展行动计划（2014—2018）》，明确指出从2014年开始，政府大力支持和开发一批具有核心竞争力的大数据软硬件和终端产品，着力于攻克大数据关键技术，建立大数据标准规范，提升对海量复杂数据的搜索、挖掘、分享和深度分析能力，鼓励科研机构和企业积极申报国家重大科研项目。受此政策的影响，湖北省信息传输、计算机服务和软件业在2014—2015年实现了一个跨越式发展，行业从业人员的增长幅度达到了45%。

尽管行业发展迅速，但是行业内部"留人难"的问题也显现了出来。以软件行业为例，"湖北IT蓝皮书"显示，在2015年，湖北省软件行业员工离职流失率达17.6%，"留人难"成了软件企业心病。最近4年湖北省软件行业的人员流失率居高不下，一直在17%与22%之间徘徊。作为技术密集型行业，一个成熟的软件人员具备丰富的专业知识和技能，因此在激烈的行业竞争中日益紧缺，流动性极大。蓝皮书还指出，员工离职的主要因素包括薪资、家庭问题、人际关系、压力、不能发挥专长等，其中不满薪资离职的占40%，家庭原因占30%。离职后他们大多去了北上广深。从业人员的流进和流出，折射的是一个地区的产业供给能力，最终是与经济水平相匹配的。

第四，现代服务业内部人力资源分布结构不合理，人力资源配置效率仍需进一步提高。

"六普"数据显示，现代服务业中从业人员主要集中在知识密集度较低、附加值较低的几个行业，如居民服务服务业，教育行业，卫生、社会保障和社会福利业等。相对应的最能体现现代服务业特点的几个行业，例如科学研究、技术服务和地质勘查业等从业人数相对较少。

与此同时，现代服务业的持续稳定发展离不开高知识密集行业的推动，更离不开从业者发挥力量。而目前，现代服务业内部人力资源分布结构不合理，人力资源配置效率仍需进一步提高。

第五，湖北省现代服务业知识密集程度低，信息化发展程度有待提高。

2016年6月中国电子信息产业发展研究院发布了《2015年中国信息化发展水平评估报告》，报告显示，2015年全国信息化发展水平评估各省市信息化发展指数中，湖北省的指数为74.15，位列全国第九，但与北京天津和东南沿海等地仍有较大差距（其中上海为99.65，北京为98.28，浙江为95.89）。

从信息化各要素指数的构成情况分析，能更加清晰地看出湖北现代服务业的窘况。2015年湖北劳动生产率指数为69.66，在全国的排位为14位；技术创新指数为71.24，低于全国平均水平；人均收益指数为72.67，也低于全国平均水平。

2015年，湖北省网络就绪度指数和信息通信技术应用指数在全国的排位分别为第16、13位。信息化人才不足成为制约湖北信息化持续发展的关键因素。此外，无论从增加值来看，还是从就业来看，湖北知识密集型的服务业（如金融、电信、经营服务等）的比重均低于发达国家水平和国内先进省市。

湖北省的"十三五"规划显示，湖北省的经济结构调整继续推进深入，三次产业结构由2010年的13.5∶48.6∶37.9调整为2015年的11.2∶45.7∶43.1。先进制造业、高新技术产业、现代服务业发展提速提质。湖北省的第三产业发展占比仍未超过50%，发展规模较小，保有较大的发展潜力。

五、关于湖北省现代服务业发展的政策建议

（一）关于湖北省现代服务业就业的几点思考

1. 现代服务业产业发展是现代服务业就业的基石

没有现代服务业产业的发展，现代服务业就业是无本之木。因此，未来现代服务业需要被当作主要的支柱产业，从战略上予以重视，形成未来可预见的新的经济增长极。

纵观其他发达国家和地区经济的发展过程，可以看到服务业发展的一个显著特征：服务业增加值占国内生产总值的比重、服务业就业人数占全部就业人数的比重这两个指标都达到60%以上，已成为国民经济的主导产业，如美国达到70%以上，中国香港达到85%左右。

从统计数据来看，包含传统服务业的第三产业占比虽然逐年增加，在2015年也不足50%，尚未能超过第二产业。第二产业仍是目前湖北省经济发展的支柱，占主导地位，湖北省距离进入服务经济阶段还有很长的一段距离。

2. 政府在引导现代服务业就业中的功能认识

对于现代服务业发展中政府制定产业政策的作用，学术界有很多争议。这些争议包括"要不要产业政策"、"产业政策存在实施困难"等问题。对此，斯蒂格利茨、罗德里克等的回答是，有意义的讨论应该超越要不要产业政策，聚焦于要实施什么样的产业政策；每个成功的经济体都有相应的产业政策去推动经济增长、实现转型升级。

根据斯蒂格勒的观点，当人们谈及产业政策的效力大小时，实际上

在说，在某个产业部门可观察到的经济行为中，在多大程度上受到了相关产业政策的影响。市场形势在不断变化，产业政策的效力也就呈现出了不确定性和多变性。中国制造业持续存在的结构失调和产能过剩，已经给政策制定者敲响了警钟。这说明政府需要建立起一个动态反馈机制，对现代服务业的经济行为和数据表现进行实时监督和测评，对于那不能有效促进现代服务业发展的政策文件，应该及时修正或者废止。

而事实上，根据学术界一般的观点，现代服务业包含了房地产业等十一个大类行业。对于这些种类繁多，功能各异的行业，产业政策不可能做到面面俱到，全部支持。这就启示政策制定者要合理选择现代服务业中的主导产业和重点扶持产业，重点发展有前途、有市场、有竞争力的重点产业。除此以外，发展湖北省现代服务业，不仅仅要求简单地发展新兴的服务业，而且更要求其与改造传统的服务业相结合。湖北省在发展现代服务业的同时要立足本省的实际情况，在制定产业政策的时候不拘泥于某个具体的产业，而是从整个服务业的角度出发，注重完善整个服务业的业内结构，调整新兴服务业与传统服务业的比例，坚持以信息化带动工业化，以信息交流规范服务市场，以科技创新带动社会进步。只有这样，才能改善传统部门增速慢、发展后劲不足的问题，实现整个现代服务业的协调发展，提高行业竞争力。

3. 现代服务业发展的核心和基石在于强大的制造业。

现代服务业不是一个可以独立存在的行业，它的存在载体是制造业。没有制造业，现代服务业也是无本之木。因此，发展现代服务业离不开制造业的发展，通过现代服务业实现就业也离不开制造业规模的发展。面对中国产业结构升级和转型，有一种观点认为，中国可以把低端产业转移到其他的地方，如越南和印度，以实现产业结构的升级。这种观点没有考虑到中国的国情，低端产业向国外的转移会引发中国制造业的空心化，进而消减中国制造业的规模，从而使得现代服务业的发展无从谈起。事实上，中国东中西三个区域上，经济的发展并不均衡，低端产业在中西部具有很强的竞争优势，中国在产业结构升级过程中，不在中国内部实现制造业的重新配置，而把低端产业转移到国外，是削弱中国制造业整体竞争力的做法,并不可取。湖北省作为中国东部和西部的链接区域,在中国东部产业结构转移的当口,更应该积极承接从中国东部产业结构升级中转移过来的产业,做大湖北省的制造业,才可以实现湖北省的现代服务业的大发展,进而实现湖北省现代服务业就业的目的。

(二) 湖北省城市现代服务业就业的对策与措施

从湖北现代服务业就业发展的变化可以看出,湖北现代服务业的发展的总体势头良好。现代服务业的发展对湖北经济增长和就业水平的提高都有较大的促进作用。但是,湖北现代服务业也存在着总体规模小、竞争力不强、人力资源分布结构不合理、知识密集程度低和服务类高素质人才储备不足等问题。这些问题阻碍我省现代服务业的进一步发展,也可能对其他产业的调整优化产生负面作用。鉴于此,针对湖北现代服务业发展现状,为了促进湖北省现代服务业的健康发展,我们给出如下可行的对策和措施。

1. 制定并执行科学合理的产业政策,注重产业融合,整体盘活湖北省现代服务业

湖北现代服务业存在着总体规模小,竞争力不强的问题。针对这个问题,制定并执行科学合理的产业政策就显得尤为重要。自从民族国家诞生以来,产业政策作为一种推动经济发展的政策工具就已经存在了。根据日本学者小宫隆太郎的定义和分类,产业政策包括一般性的基础设施政策、产业间的资源分配政策、各领域的内部组织有关的政策和中小企业政策等。

2. 依托湖北省丰富的高校资源,建立起完善的人才培养留存机制和长期的人才引进规划

湖北省现代服务业存在人力资源分布结构不合理、知识密集程度低和服务类高素质人才储备不足等问题。另外,湖北省又是教育大省和教育强省,仅武汉一地就有7所"985工程"、"211工程"高校,每年都为社会输送了大量的优质毕业生。但由于经济发展水平、外商直接投

资、民营经济发展水平、城镇化水平等因素的影响,我省对现代服务业人才的吸引力相对不足,大量大学生离开湖北,流失到东部沿海地区,这也造成了湖北省现代服务业人才积累较少、专业服务业人才相对匮乏的现象。

各大高校在制订学生的培养计划的时候可以因地制宜,广泛深入地展开校企合作,努力构建有效的系统化的人才培养计划。在进行专业设置时,也应该充分考虑市场情况,充分发挥政策导向和市场机制作用,围绕主导产业和产业集聚建设,采取多种方式,大力培养现代服务业急需的各类人才,为湖北省现代服务业的发展培养更多的专业人才。这样一方面可以为湖北省现代服务业输送大量的新鲜血液,也可以在一定程度上解决大学生就业难的问题。

3. 针对现代服务业的各个环节,有针对性地制定政策

在未来发展趋势的规划中,湖北省将深入实施服务业提速升级行动,推进服务业与农业、制造业更高水平的融合,积极培育服务业新业态、新模式,推动生产性服务业向专业化和价值链高端延伸,生活性服务业向精细化、个性化和高品质转变,促进服务业优质高效创新发展。

湖北省将有计划地打造全国重要的现代服务业基地,主要围绕现代物流、金融、研发设计、电子商务、商贸流通、旅游等基础条件好、产业优势明显、带动作用强的服务业,致力于将其形成具有全国影响力的现代服务业基地。

围绕现代物流,湖北省将加快建设武汉国家物流节点城市,襄阳、宜昌、荆州等区域物流节点城市;推进南北物流通道和长江物流通道中心枢纽建设;构建覆盖全省、辐射全国的现代物流网络,形成口岸物流、行业物流和城市配送物流相结合的现代物流体系;加快建设一批组织化程度高、辐射力强、特色鲜明的物流园区,引进和培育一批具有竞争力的物流骨干企业。

围绕现代金融,湖北省将逐步打造长江中游区域性金融中心。积极吸引功能性金融机构、大型金融机构总部及其营运机构总部等入驻,加快发展本土金融机构,发起组建长江银行。推进武汉区域金融中心建

设，完善金融组织体系，增强金融市场功能，大力发展多层次资本市场，加快发展普惠金融、互联网金融、绿色金融、物流航运金融等新业态，构建具有较强融资和国际结算能力的区域金融体系，建成中部金融中心和以科技金融为重点的全国性专业金融中心、全国重要的金融后台服务基地；推动襄阳、宜昌两个省域金融中心建设，构建辐射周边地区的区域金融体系；支持有条件的中等城市结合自身产业特点，打造特色产业金融中心。

围绕研发设计，湖北省将推进工业设计向高端综合设计服务转变，大力开展专业化的科技研发、技术推广和工业设计服务，提升城市规划、建筑等设计水平；加强科技成果转化服务，促进设计创新成果产业化；支持武汉打造"工程设计之都"；以襄阳、宜昌、黄石、荆州等区域中心城市为重点，加快建设和培育一批设计服务企业。

围绕电子商务，湖北省会加快电子商务公共平台建设，完善信息网络、物流配送、电子认证标准、在线支付、信用评估、安全保障等支撑体系；深化大中型企业电子商务应用，引导小微企业依托第三方电子商务服务平台开展业务；推进武汉、襄阳、宜昌等国家电子商务示范城市建设；支持鄂州葛店开发区建设国家级电子商务基地；开展电子商务进农村综合示范。

围绕商贸流通，湖北省将建设长江中游商业功能区。加快建设以武汉为中心、襄阳和宜昌为两翼、长江和汉江流域各城市多级发展的长江中游商业功能区；提升各级商业中心能级，发展无店铺销售等新模式；完善社区商业网点布局，拓展精细化定制，提升社区网点服务功能；推进商业体验服务、移动网络销售等新型业态应用；推动武汉核心商圈及汉口北市场群等综合性批发市场建设，辐射带动其他大中城市商贸集群发展；推进跨区域农产品流通基础设施和骨干农产品批发市场建设，形成一批面向全国、具有综合功能的新型市场集群。

围绕旅游文化建设，湖北省将建设中部旅游核心区。围绕生态和文化旅游，建设长江国际黄金旅游廊道、鄂西山水民俗旅游廊道、汉江国脉探秘旅游廊道、鄂东红绿经典旅游廊道，打造武汉商贸休闲、三峡国际度假、神农架生态体验、武当山水养生、隆中文化休闲、清江生态民俗、荆州荆楚文化、大洪山生态休闲、咸宁温泉疗养、大别山红色生态等十大旅游区；创新文化旅游产品，推动区域旅游一体化；加大对休闲农业和乡村旅游的引导、激励与投入力度，建设一批示范点、专业村（名村）、特色镇（名镇）、示范县（强县），着力打造一批在全国有影响的乡村旅游品牌。

湖北省也将大力优化服务业的发展环境，积极开展服务业综合改革试点，推进产业集聚，推动服务业改革创新。加快推进非基本公共服务市场化改革，大力发展经营性社会服务业；推动工业企业主辅分离，实施非核心业务剥离和外包，走专业化发展道路；落实鼓励服务业发展的产业政策和税收优惠政策，扩大资金、土地、人才等要素供给；实施服务业"五个一百"工程，重点抓好100个服务业改革试点和示范园区，重点培养100名现代服务业领军人才，重点扶持100家服务业龙头企业，重点培育100个服务业知名品牌，滚动推进100个服务业重大项目。

在规划中的提升就业质量一节，现代服务业的意义也得到了充分肯定。湖北省把稳定和扩大就业作为衡量经济增长速度和发展模式是否合理的关键，坚持分类施策，提高劳动参与率，稳定并扩大就业规模。加强财税、金融、产业、贸易等经济政策与就业政策的配套衔接，建立宏观经济政策对就业影响评价机制，实施政府投资和重大建设项目带动就业评估制度。大力发展新兴产业、现代服务业，鼓励发展智力密集型和劳动密集型产业，创造更多稳定就业岗位。

4. 制定各种人才配套政策，解决人才在现代服务业就业中的顾虑

一项对湖北省高科技企业的调查显示，多数的企业往往缺乏长期的人才引进规划，只是针对企业现状需要进行人才的招聘。当然这也是由湖北省高科技企业的现状决定的，由于企业规模有限，有时企业认为扩充人才资源储备，会形成资源的浪费。但由于没有长期的人才引进计划，人才一旦流失，企业便要花费巨大的金钱、精力再去聘请，形成巨大的损失。

由此可见，建立起完善的人才引进规划是当前的一个重要任务。这就启示相关政策制定人员需要采取多渠道引进境内外优秀人才，并给予一定的优惠措施。比如凡到湖北省从事服务业工作的留学回国人员，属在职出国留学并按期回国的，出国留学时间可合并计算为工龄；在国（境）外获得博士、硕士学位的，其攻读博士、硕士学位的时间计算为工龄；各级政府对引进的高级专业人才在研发经费、住房补贴、家属随迁、子女入学等方面提供优惠政策。

在实践方面，2017年湖北省开始实施的"我选湖北"计划（该计划将在5年内留住180万大学生在湖北创业就业）是留住人才的一种有益的尝试。湖北省对全省的人力资源和社会保障局局长开办培训班，全面动员安排部署大学生实习实训工作，开展大学生实习实训的市校工作对接。各地企业和事业单位将积极建立大学生实习实训基地，为大学生提供实习实训岗位并发放不低于500元的补贴。这些都是促进人才扎根湖北的有益探索和尝试。

◎ 参考文献

[1] 郑吉昌．生产性服务业与现代经济增长［J］．浙江树人大学学报，2005（1）．

[2] 闫星宇，张月友．中国现代服务业主导产业选择研究［J］．中国工业经济，2010（6）．

[3] 姜霞．湖北省现代服务业发展影响因素实证研究［J］．现代商贸工业，2014（10）．

[4] 李卫芳．现代服务业发展政策与产业规制研究［J］．现代经济信息，2014（6）．

[5] 刘有章．湖北现代服务业发展存在的问题及原因分析［J］．省情咨文，2004（5）．

[6] 黄莉芳，杨向阳．中、美现代服务业内部结构演变趋势比较——

来自投入产出表的经验证据［J］.世界经济研究,2015（3）.

［7］张明丽,王亚萍,徐洋."十二五"时期加快发展湖北省现代服务业的对策研究［J］.经济导刊,2012（2）.

［8］匡远凤,黄晓璐.现代服务业发展、产业结构升级与经济增长质量提升——基于湖北省武汉市的实证分析［J］.湖南行政学院学报,2015（1）.

［9］杨珂玲,熊少楠.现代服务业对湖北省经济发展的影响力及贡献度研究［J］.湖北经济学院学报（人文社会科学版）,2013（12）.

［10］万楠.湖北省高科技企业人才流失问题研究［D］.华中师范大学学位论文,2014.

［11］谷宇.湖北生产性服务业发展研究［D］.长江大学学位论文,2012.

第七章　湖北省现代制造业就业与经济结构转型

一、现代制造业的概念、研究意义及特征

（一）现代制造业的含义和研究意义

20世纪70年代末到80年代初，由于微电子技术的快速发展，现代数字化制造技术在各个产业部门迅速扩散，并在装备制造业领域广泛应用，提高了制造业劳动生产率。与此同时，制造业本身的发展也进入了一个新时代，即从主要依靠劳动能力的改善转向主要依靠科技进步，由此产生了现代制造业的概念。

所谓现代制造业，就是以现代企业制度为基础、以高新技术和先进适应技术为手段、产业关联度强、综合效益好的制造业企业有机集合。区别于以往以廉价劳动力、虚耗能源、大规模手工制作等为基础的传统制造业，现代制造业建立在当代世界先进的科学技术基础之上，采用了先进的技术手段和科学的管理方法。

从传统制造业到现代制造业的发展过程，也是生产力发展水平提高、技术进步及经济结构转型的过程。制造业作为工业化和现代化的标志，是一个国家综合国力的基础。一个综合国力强的国家，必定是一个制造业高度发达的国家。从这个意义上讲，研究一个国家的制造业以及随时间推移进行技术改造之后的现代制造业是非常有必要的。它是认识

国情的基础,也是制定政策的基础。如果未对现代制造业有清晰的理解和评估,就无法制定出有针对性的宏观经济结构转型政策,并且会对宏观经济的发展带来损害和破坏。

改革开放以来,湖北省的现代制造业也得到了极大的发展,在就业方面开始充当着越来越重要的角色。在当前湖北省经济结构转型的阶段,对湖北省的现代制造业在就业领域的贡献和作用进行科学认知是相当有必要的。随着劳动力逐渐掌握现代制造业生产流程和工艺,许多新的现代制造业的分支得以衍生,会促进就业的增加。然而,这些都是建立在正确认识现代制造业在就业领域的现状的基础上的。

鉴于此,本部分研究将对湖北省现代制造业就业的现状进行全面评估,剖析困境和问题,并提出相应对策,力图为湖北省经济结构转型的战略目标贡献我们的智力和努力。

(二) 现代制造业的特征

现代制造业具有如下特征:

(1) 现代制造业的产业链长,波及效果大。现代制造业是对传统制造业的现代技术化的改造,它秉承了传统制造业产业链条大、部类广、结构和工业复杂、行业门类多的特点。由于现代技术的延伸,现代制造业与国民经济其他大类,例如第一产业和第三产业都存在千丝万缕的联系,产业的波及面广、影响深远。

(2) 现代制造业的产业自成长性强。所谓产业自成长性是指产业的整体成长力源于各分体的成长力及其良性循环的机制。现代制造业的发展中,许多行业主机与零部件企业处于共生状态,动力系统和工作机之间能相互促进。例如,能源系统从石化能源向新能源的改进,会引发工作机部分做相应的改进,而工作机内部各个构件的改造会引发内部零部件、结构设计、工艺设计等一系列的变化,每个变化都将按照规律进行自我完善,形成一个相互促进的机制,也就是自成长的机制。同时现代制造业中,主机生产的数量、质量、技术水平及利润目标决定了零部件生产的规模、发展方向和速度,以及临界成本。而零部件生产的数量、质量、技术含量、价格、企业布局及供货的及时性与调整供给的敏感性等也会影响主机的发展。现代制造业的自成长型特点延长了现代制造业产业本身的产业链，使其在就业上的吸纳能力更加强大。

（3）现代制造业的规模经济效益明显。现代制造业往往具有规模经济的特征，在投入同样比例的资本和劳动力之后，会获得超出同样比例的产出，即表现出规模效益递增的特点。现代制造业产业链条具有紧凑性，在节约企业交易成本方面具有优势，有利于企业提升自身竞争力。

（4）现代制造业对国民经济的贡献强。当前中国已经成为"世界工厂"，制造业的产能排名世界第一。2010年，中国超越美国成为全球制造业第一大国。当前在世界500多种主要工业品中，中国有220多种产品产量位居世界第一。中国制造业持续快速发展，总体规模大幅提升，综合实力不断增强，不仅对国内经济和社会发展作出了重要贡献，而且成为支撑世界经济的重要力量。2014年，中国工业增加值达到22.8万亿元，占GDP的比重达到35.85%。2013年，中国制造业产出占世界比重达到20.8%，连续4年保持世界第一。2014年，中国共有100家企业入选"财富世界500强"，比2008年增加65家，其中制造业企业56家（不含我国港澳台地区），连续2年成为世界500强企业数仅次于美国（130多家）的第二大国。中国近十年来制造业的快速发展，直接提高了中国经济发展的速度、质量和效益，强化了中国在全球化格局中的国际分工地位。从国内看，中国工业增加值占GDP的比重由1952年的17.6%提高到2014年的35.85%，增加了1倍多，促进了中国工业实现由小到大的历史性转变。

（5）现代制造业产业结构空间宽。现代制造业所包含的行业门类众多，随着科学技术的进步，它们之间有转换、交融甚至此消彼长，但始终并存，不会发生某一类型产业的消失。现代制造业较高的比较劳动生产率及强大的波及效果、广阔的市场空间，使其成为国民经济的主体产业。即使在进入知识经济时代的发达国家，现代制造业对国民经济的贡献率仍居于首位。世界经济发展的历史表明，制造业是一个国家经济发展的基石,是增强国家竞争力的基础,一国中通常有 70%~80%的物质财富来自制造业。传统制造业的特点是将制造过程分成各个相对独立的部分,并以各个部分为中心形成相对独立的制造工艺和方法。随着工业 4.0 时代的到来和现代化机器设备的引进和开发,传统的制造业原来各自独立的操作方式不断被打破,岗位与岗位之间的合作越来越密切,而现代制造业的发展顺应了这种工业化的要求。目前,高精密度、高技术、高工艺的现代制造业正逐步替代传统的制造业,其对信息化水平、企业的组织形式、经营的开放性与全球性、企业的研究开发能力与产品的技术含量都有较高的要求,要求精益生产、精益管理、精益制造。生产内涵和管理模式发生较大变化后,对高技能人才的需求也相应发生了重大变化,对其职业素养、规范和技能提出了更高的要求。

二、本研究的对象和范围选择

从产业技术角度来看,高新技术产业化与传统产业高新技术化实际上已模糊了现代制造业与传统制造业的边界。现代制造业应包括高新技术类的制造业,以及用高新技术进行改造、已与高新技术进行嫁接的原传统制造业。

参照国家统计局制定的《战略性新兴产业分类》和《高技术产业统计分类目录》,本研究将现代制造业界定为农副食品加工业、纺织业、化学原料及化学制品制造业、医药制造业、化学纤维制造业、橡胶制品业、塑料制品业、非金属矿物制品业、黑色金属冶炼及压延加工业、有色金属冶炼及压延加工业、通用设备制造业、专用设备制造业、交通运输设备制造业、电器机械及器材制造业、通信设备、计算机及其他电子设备制造业,共计 15 类。

上述类别中,现代制造业在湖北省范围内是广泛分布的。但是由于数据的管理、规范性、保密性等原因,本课题研究在收集各个州市有关现代制造业的数据方面面临困难。鉴于此,本研究在进行现代制造业地域范围的选取时,采用的是武汉市的现代制造业数据。由于武汉在湖北省的经济地位，本研究认为利用武汉市的现代制造业的发展作为核心样本来分析湖北省现代制造业的替代做法是可行的，并不会导致对于湖北省现代制造业领域的研究的失焦。

武汉市是湖北省的特大型工业化城市，它的现代制造业在整个湖北省占核心地位。因此，解剖武汉市现代制造业的发展状态，基本可以说明湖北省现代制造业发展的基本路径。这种"解剖麻雀"的做法，也是现代经济学重要的案例研究方法，并不会偏离研究的焦点。

自古以来，武汉都是湖北的龙头城市，2016年武汉市GDP为11912.61亿元，占据湖北省GDP的36.88%；武汉行政面积占湖北长江经济带国土总面积的12.1%；武汉地方一般预算收入占湖北长江经济带的64%。各种数据都充分表明了武汉经济总量与增长率在湖北省的龙头地位。经过六十多年的发展，到目前，武汉形成了四大支柱产业、六大优势产业和汽车及零部件、钢铁及深加工、石化、光电子信息等15条产业链。酒店、餐饮、旅游等传统服务业发展稳健，现代物流、金融保险、创意产业等现代服务业生机勃勃。先进制造业和现代服务业协调发展的格局初步形成，以钢铁化工及环保产业、汽车及机电产业、电子信息及生物医药产业、食品产业等形成了相当规模的产业集聚区。"十五"期间，武汉市重点建设了五大产业基地，发展十大产业。2004年，现代制造业的十大主导行业实现总产值1453.1亿元，同比增长了25.4%，占全部工业总量的86.56%，基本形成了以"钢、车、机、新"为支柱的、规模较大、门类齐全、具有一定物质技术基础的工业体系。

龙头城市的首位度是衡量经济带发展潜力的重要指标，它以经济带内经济总量第一位城市与第二位城市的比值来衡量。首位度越高，说明龙头城市的集聚与辐射功能越强，该经济带的发展规模和经济效能也就越大。根据2008年湖北长江经济带8个市、州的经济指标（见表7.1），武汉在湖北长江经济带的经济总量、固定资产投资、地方一般预算收入、社会消费品零售总额的首位度分别是3.9、4.3、6.2和4.8，平均首位度约为4.8，是2008年上海在长三角地区平均首位度的2.4倍。

表 7.1　　　　2008 年武汉在湖北长江经济带首位度指标

指标	武汉（亿元）	首位度
GDP	3960.08	3.9
固定资产投资	2252.05	4.3
地方一般预算收入	277.32	6.2
社会消费品零售总额	1850.05	4.8

武汉市 2003 年规模以上企业生产经营表见表 7.2。可以看出武汉市的制造业中，许多产业的集中度都超过了 50%，钢铁及新材料产业的产业集中度甚至达到了 91%。这些数据充分说明在本研究中以武汉市的现代制造业的发展情况来反映湖北省的现代制造业的发展情况是可行的。随着"武汉制造"的崛起，武汉制造业标准化工作也取得了显著成效，初步形成了制造业技术标准体系，而这个技术标准体系也是湖北省内的标准化体系。

表 7.2　　　　2003 年武汉市规模以上企业生产经营表

产业名称	企业个数	产值（亿元）	销售收入（亿元）	出口交货值（亿元）	产业集中度（%）
制造业合计	1126	1268.53	1283.16		
（1）光电子信息	122	165.75	149.15	11.4	53
（2）钢铁及新材料	120	276.72	297.15	7.7	91
（3）生物工程及新医药	85	67.3	59.83	0.4	53
（4）机械制造业	333	313.76	315.63		
其中：汽车	81	167.93	172	0.6	72
机械	252	145.83	143.63	6.4	22
（5）环保产业	43	60	67.87	0.28	22
（6）服装及纺织	114	54.95	55.61	5.3	34
（7）食品及烟草	104	135.58	142.77	0.3	48

续表

产业名称	企业个数	产值（亿元）	销售收入（亿元）	出口交货值（亿元）	产业集中度（%）
（8）造纸及包装印刷业	79	43.16	41.58	0.44	59
（9）石油化工	118	135	139.81	3.2	79
（10）家电行业	8	16.28	13.75	0.5	36

三、湖北省现代制造业就业发展状况——以武汉市为例

本章未加说明时，所有数据都来源于武汉市"五普"千分之五数据库和武汉市"六普"千分之五数据库。

（一）武汉市现代制造业劳动力数量和性别状况

在"六普"结果中，武汉市现代制造业就业人数达到38659人，较"五普"结果增长了近20倍，其中男性人数为19857人，占比51%；女性为18802人，占比49%，和"五普"结果相比，男性占比有所下降，而女性占比提高较多。随着"武汉制造"的崛起，在2000—2010年这段时间内，武汉市的现代制造业吸引了大批就业者，为更多的劳动者提供了就业机会。其中，女性就业人数大幅提高。

表7.3　武汉市"五普"和"六普"千分之五现代制造业就业人口分布情况

项　目		"五普"	"六普"
数量（人）	男	1207	19857
	女	697	18802
	总数	1904	38659

第七章 湖北省现代制造业就业与经济结构转型

续表

项　　目	"五普"	"六普"
男性占比（%）	63	51
女性占比（%）	37	49

（二）武汉市现代制造业就业劳动力年龄分布

武汉市现代制造业就业劳动力年龄分布情况见图7.1。可以看出，武汉市2010年的现代制造业就业人口年龄主要集中在20～50岁这个区间，占总人口的82%。与"五普"（2000年）相比，20～30岁就业人口的比重上升了，30～40岁和40～50岁的人数比例有所下降。这说明2000—2010年，武汉市现代制造业中就业人口年轻化了。

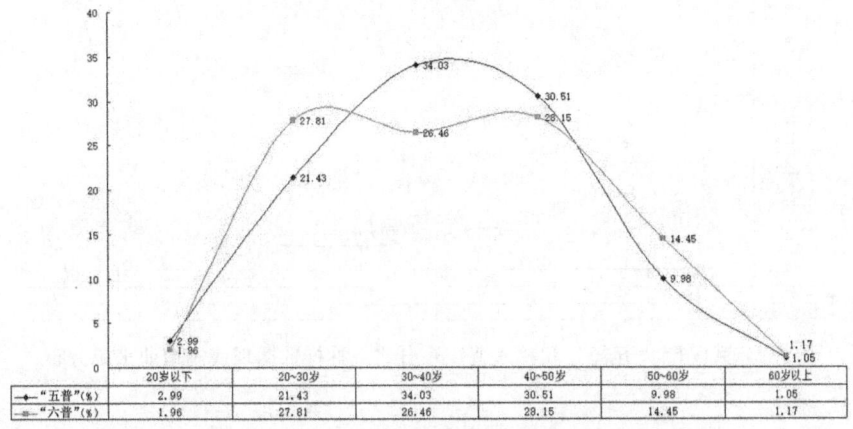

图7.1　湖北省第五次和第六次人口普查制造业就业劳动力年龄分布图

（三）武汉市现代制造业劳动力来源分析

武汉市"五普"千分之五抽样数据为38659人，"六普"千分之五抽样数据为102634人。通过SPSS软件对武汉市现代制造业劳动力的来源进行统计，得到武汉市现代制造业人员的来源构成（见图7.2）。图

7.2展示了如下特征：

（1）随着时间推移，武汉市现代制造业就业的劳动力中，本地人占比呈上升趋势。在"五普"中，本地人口占总就业人口的29.83%；"六普"中，本地人口占总就业人口的45.11%。本地人口在武汉市现代制造业中就业的人数大幅度上升。

（2）迁移来武汉的"新移民"主要在现代制造业中就业，随着在武汉驻留的时间增加，"新移民"开始进入其他行业，导致其在就业人口中比重的下降。驻留在武汉1年的劳动力，在"五普"中，占总人口的5.67%；"六普"中，占总人口的12.34%。而驻留在武汉5年以上的劳动力从"五普"的46.74%下降到了19.15%。

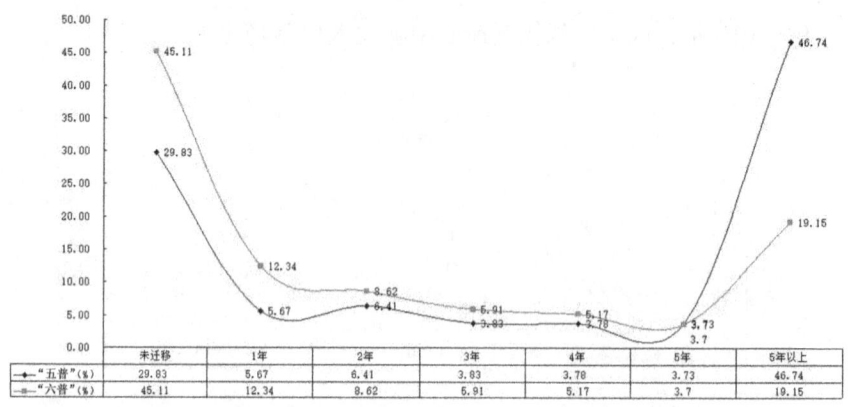

图7.2 武汉市"五普"和"六普"千分之五抽样数据现代制造业来源分布

（四）武汉市现代制造业中迁移劳动力迁移原因分析

对武汉市现代制造业迁移劳动力的迁移原因进行统计，得到了图7.3，迁移原因包括务工经商、工作调动、学习培训、随迁家属、投亲靠友、拆迁搬家、婚姻嫁娶、其他原因。这些动因大致归为两类，一类是经济原因，例如务工经商，工作调动，拆迁搬家；另一类是社会原因，例如学习培训、随迁家属、投亲靠友、其他原因。图7.3中也显示了随时间推移，武汉市现代制造业劳动力迁移原因的变迁。

（1）无论在"五普"还是"六普"中，经济原因都是最主要的。在"五普"统计的迁移原因中，务工经商占 36.32%，拆迁搬家占 25.78%，工作调动占 13.23%，三项总计 74.33%；在"六普"中，工作调动为 30.05%，拆迁搬家为 23.3%，务工经商接近于 0，三项总计为 52.35%。总的来说，因经济原因迁移的劳动力占一半以上。

（2）随着时间的推移，经济动因的比重开始下降，其他因素的比重开始上升。与"五普"相比，"六普"中其他因素的比重由 8.3% 上升到 16.61%。这反映出在当前快速变动的社会背景下，人的需求更加多样化。

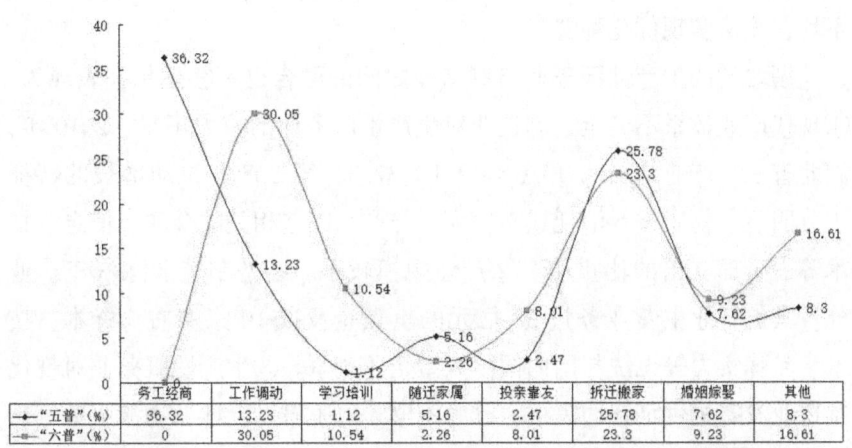

图 7.3　武汉市"五普"和"六普"现代制造业迁移就业人口迁移原因分布

四、武汉市现代制造业存在的缺陷和机遇

（一）武汉市现代制造业存在的缺陷

从武汉市"五普"和"六普"数据中可以看出，十多年来，武汉

市现代制造业在就业方面取得了长足的进步，在就业容量、吸引外来人才等方面都取得了很好的成绩。但是通过仔细考察，本研究认为当前武汉市的现代制造业仍存在诸多缺陷，对吸纳就业的能力构成了挑战。缺陷包括：

（1）武汉市现代制造业的产业融合程度低。产业融合对提升产业竞争优势具有一定促进作用。武汉市的现代制造业与现代服务业融合度偏低，且表现出下降趋势，这种现状对产业竞争力提升的贡献远不及传统经济发展的资本与劳动力投入。与东南沿海等地区相比，武汉市产业融合程度差距较大，甚至在某些产业上低于全国平均水平。在这种情况下，武汉市的经济增长、产业竞争高度依赖于资本与劳动力投入。企业和产业无法良性并完整地共享技术、设备、物流等资源，导致资源分配不均，无法实现优化配置。

湖北省的生产性服务业与制造业之间的融合也不够理想，表现为：①现代产业体系不健全，制造业对生产性服务业的拉力不足。2010年，湖北省三次产业结构为13.6∶49.1∶37.3，第二产业拉动增长的特征十分明显，物质材料消耗成本较大，与产品制造相关的金融、信息、技术等占全部支出的比重小。②产业规模较小。装备制造业除汽车产业外，其他行业主营业务过30亿元的重点企业仅10家左右，资本、技术、品牌实力等无法与国内国际大型企业竞争。③生产性服务业对现代制造业没有提供足够的需求，推力不够。由于研发设计、物流服务等环节相对薄弱，产业协作配套体系不完整，提供解决方案的能力相对较弱，不能满足现代制造业企业发展的需求。没有生产性服务业的配套发展，湖北制造业产业集群很难通过外部优势取得更快的发展，更不可能实现跨越式发展。

（2）武汉市现代制造业的产业集聚度低，制约了产业竞争能力和先进制造业的发展。研究发现，湖北省的产业集聚随着时间推移呈现下降的趋势，区位熵小于全国平均水平。可以看出就湖北省而言，这个问题也是比较严重的。

（3）武汉市现代制造业的规模偏小。湖北省的现代制造业主要集聚于武汉地区。但是当前传统制造业技术装备和生产手段落后，制造业总体规模偏小，在全国所占份额呈下降趋势，亟待通过嫁接高新技术，改造落后的技术装备和生产手段，以提升产能、效率和效益。

(4) 武汉现代制造业缺乏制定与推广技术标准的能力。表现在：①在贯彻技术标准时，企业缺乏制定标准的动力、能力，无法使标准优势转化为市场优势，导致武汉现代制造业整体竞争力不强。②高新技术产业中的骨干企业及支柱产业中的大型企业与中小型企业在标准化水平上存在差距。③政府与企业的主体行为错位。政府对地方标准和行业标准的关注不够，许多涉及产业发展及公共安全的标准是缺位的。"企业为主体、政府宏观管理、社会广泛参与"的体制尚未建成，企业没有发挥标准化主体作用，尚未形成根植于企业的自愿性技术标准体系。

(二) 武汉市现代制造业面临的机遇

相比于全国水平，武汉市现代制造业的容量较小，对吸纳就业的能力构成了挑战。但是本研究认为，若能把握机遇，武汉市现代制造业的发展完全可以上一个台阶。这些机遇包括：

1. 湖北省委、省政府高度重视现代制造业的发展

在新时期，湖北省把"工业兴省"作为重大战略任务，坚持探索和实践新型工业化道路，全省工业发展步入历史上最好的时期之一，呈现出速度加快、结构改善、效益提高、后劲增强、贡献突出的良好态势，为全省经济社会又好又快发展发挥了重要的支撑作用。在湖北省范围内工业发展呈现如下趋势：

(1) 工业的发展速度加快，总量规模开始不断壮大。2010年，全省规模以上工业增加值6136.5亿元，是"十五"期末的3.06倍，年均增长25.07%，增速高出全国7.9个百分点；销售收入达到20816亿元，是"十五"期末的3.49倍，年均增长28.40%。

(2) 质量效益稳步提高，竞争实力不断提升。"十一五"期间，经济效益综合指数由2005年的166.12点提高到2010年的264.9点；工业实现利润和税金年均分别增长35.02%和29.22%，效益增幅明显高

于生产增幅。目前全省已拥有中国名牌产品 51 个；拥有中国驰名商标 63 个，湖北名牌产品 655 个。国家质检总局发布的全国制造业竞争力指数显示，"湖北制造"竞争力指数为 82.43，居中部首位。

（3）重大项目建设步伐加快，发展后劲显著增强。通过积极承接资本和产业转移，来湖北省投资的世界 500 强企业增至 90 家，富士康、中芯国际、武钢冷轧硅钢、三峡全通涂镀板、东风自主品牌乘用车、神龙第二工厂等一批重大项目相继建成投产，80 万吨乙烯、东风本田二厂等一批重大项目开工建设。通山核电项目取得积极进展，工业发展后劲进一步增强。2010 年，全省工业完成固定资产投资 3918 亿元，完成技术改造投资 1653 亿元，年均分别递增 27%、23%，增幅高于"十五"时期的平均水平。

（4）技术创新能力增强，产业内涵逐步提升。到 2010 年，全省有国家级企业技术中心 31 家、工程研究中心 4 家、省级企业技术中心 253 家。2010 年，全省共完成新产品开发 15622 个，拥有有效发明专利 1500 余项，一项成果获得国家科技进步一等奖。高新技术产业加快发展，"十一五"期间年度增幅均高于全部工业，2010 年产值占全省工业总产值的比重达到 28%。

2. 武汉市高校集中，具有人才优势

武汉是华中地区的教育中心，是中国高等教育资源最集中的五大城市之一，科教综合实力居全国大城市第三位；初等教育基本普及，中等职业教育也蓬勃发展；同时是中国重要的科研基地，有独立研究机构 100 多所。武汉大学和华中科技大学是闻名全国的高等学府。武汉截至 2014 年末全市幼儿园 1097 所，在园幼儿 24.01 万人。小学 588 所，在校学生 44.45 万人。普通中学 365 所，在校学生 30.66 万人。中等职业技术学校 108 所，在校学生 9.18 万人。普通高校 80 所，在校研究生 11.08 万人，在校本科及大专生 96.21 万人。全市学前三年教育入学率 86.55%，6~11 岁人口入学率 100%，12~14 岁人口入学率 100%，6~14 岁盲聋哑智障人口入学率 100%，九年义务教育巩固率 97.7%，高中阶段毛入学率 95.33%，高等教育毛入学率 50.9%。雄厚的人才资本是武汉市现代制造业能够实现大发展的核心支撑资源。

3. 武汉市具有区位优势，是中国财富流动的枢纽位置

武汉是华中地区的最大城市，中国内地七大中心城市之一。世界第三大河长江及其最大的支流汉水横贯市区，将武汉一分为三，形成了武昌、汉口、汉阳三镇隔江鼎立的格局，唐朝诗人李白在此写下"黄鹤楼中吹玉笛，江城五月落梅花"，因此武汉自古又称"江城"。从清代末期到中华人民共和国成立初期，武汉经济繁荣，一度是中国内陆最大的城市，位居亚洲前列，故武汉曾有"东方芝加哥"的美誉。当代，武汉市是中国中西部和南北部的交通枢纽，东西方向和南北方向的高铁都在此进行汇聚，换乘、转乘的物资和人员都需要在此进行中转。这种汇聚，使得武汉市能够充分利用当前中国产业结构从东部向西部转移的契机，引入符合武汉市地域和环境要求的产业在当地生根，从而为现代制造业的整体发展提供基础。

五、政策建议和对策

本研究认为，尽管对于湖北省现代制造业现状和缺陷的一些分析主要聚焦于武汉市，但是由于武汉市是湖北省现代制造业的集中区域，可以说，武汉市现代制造业的问题反映的就是湖北省现代制造业的问题，基于这种认识和前面对于武汉市现代制造业现状和问题的梳理，本研究认为湖北省现代制造业就业是大有可为的。通过振兴湖北省现代制造业的发展，进而推进制造业就业的政策包括：

（一）通过顶层设计为湖北省的现代制造业的发展进行战略规划

为了实现这个目标，需要因地制宜，分析本省的优势，积极做大做强主导产业和支柱产业，发挥对经济的推动和引导作用，进而影响经济结构转变。在选择主导产业和支柱产业时，要将环境保护和能源节约纳入考虑范围。运用以先进技术为支撑的设施设备，提供产业发展的配套

设施；规划科技发展园、先进制造业产业园等区域专业化园区，从而共享资源、能源、基础设施、市场渠道等；注重全省协同发展，将不同细分产业按照其产业特性及优势寻找优先发展及集聚的区域；将市场选择和政府规划相结合，提高地域、产业、规模选择的科学性，发挥区域专业化在技术扩散、设备合作、资源分享等方面的优势，发挥规模效应对提升利润率、产业竞争优势的促进作用。具体措施包括：

（1）政府应设立相应的产业基金，鼓励企业加大研发投入，提高技术水平。技术水平落后导致外贸依存度高，被"锁定"在产业链低端。当前技术进步对中国现代制造业全要素生产率的提高贡献不大，充分说明加大自主创新力度、提高技术水平的必要性和紧迫性。

（2）政府应完善相关产业政策，提高行业治理水平和企业管理水平，更好地发挥技术效率。

（3）促进现代制造业集约化发展。中国现代制造业的规模效率还不高，要通过培育产业集群、产业基地、产业园区，鼓励企业兼并重组，提高产业规模和集中度，进而提高现代制造业的生产效率。

（二）加强先进制造业的创新投入和人力资本投资

在全球经济互联网模式及信息数据化模式背景下，创新和人力资源是产业发展的必备条件。计算机互联网发展验证了摩尔定律，创新周期越短、频率越高，越需要给予重视，而高技术人才及研究型人才是创新发展的基础。湖北省应依托其高校人才资源，开发省内高技术型、复合型人才，并减少人才机制的排外性，促进人才在先进制造业及其他产业、企业间流动、互通，加强不同产业间人才资源共享与融合。人才培养的对策和建议有：

（1）建立以就业为导向的创新人才培养模式。以工学结合为切入点，以培养高技能应用型专业人才为目标；充分发挥区域优势，依托区域内支柱产业的有利条件，实施与企业的深层次战略合作，形成利益共同体；重视专业岗位能力培养，建立融教学实习、生产实践、职业素质培养三位于一体的培养方式；在校企合作订单式培养和顶岗实习过程中，有意识地加强校企合作的深度和广度，拓展"订单式"人才培养规模，完善顶岗实习管理制度，提高顶岗实习的实效性；将企业文化、企业人力资源管理和职业规范等方面的教育与学生的实践活动相结合，使学生切身感受职责、纪律等职业规范的作用和意义，养成良好的职业道德习惯，培养沟通能力、团队精神和服务意识。

（2）构建工作过程化课程体系。完成对学习领域的构建与学习情境的开发，实现课程构建工作过程化；对专业主要学习领域（课程）的重点建设，使教学内容与企业生产相一致，实现教学内容的活动化；课程内容的选取紧紧围绕工作任务完成的需要来进行，同时又充分考虑职业教育的认知规律，融合相关职业资格证书对知识、技能和态度的要求，形成完成典型工作任务的综合性课程；每个项目的学习都以工作任务为中心，实现理论与实践的一体化教学。

（3）推进产学研合作教学，培养技术应用型人才。必须具有前瞻性眼光，紧贴行业和企业需求；聘请企业技术骨干担任学校的兼职教师，双方共同进行部分专业理论课程和实践课程的建设，合作开发技术案例用于专业教学等。针对工科专业办学投资大的特点，学校与企业共建实验室，基础实验室建在学校，专业实验室建在企业，校企共享实验实训资源；双方共同组成科研团队，搭建研究平台，就企业迫切需要解决的技术瓶颈进行重点技术攻关，促进学校科研水平的提高，增强企业的竞争力。学校可根据企业对技术人员的不同需要，有针对性地设置课程、调节教学环节进度，安排学生到企业实训、实习，增加学生对生产实践的了解，从而有效缩短毕业生的岗位适应期，减少企业的培训成本。

为了完成现代制造业应用型人才的培养，学校应创新人才培养模式，优化课程体系，以校企深度融合为途径，利用行业、企业的资源，共同实施专业建设，实现共建、共享、共赢，加快为经济培养具有创新能力的现代制造业专业人才；加强制造业人才发展统筹规划和分类指导，组织实施制造业人才培养计划，加大经营管理人才、专业技术人才和高技能人才的培养力度，完善中国制造从研发、转化、生产到管理的人才培养体系；培养一支职业素养好、市场意识强、熟悉国内外经济运行规则的经营管理人才队伍，有效提高制造业企业和产品的国际竞争力，推进中国制造技术成果转化和品牌价值实现；培养造就一支掌握先进制造技术的国际型、复合型、高素质专业技术人才队伍，在制造业发展过程中起到核心推进作用，充分发挥科研转化、技术开发、业务指导、监督实施和技术改进等工作；培养一支门类齐全、技艺精湛、爱岗敬业的高技能人才队伍，满足高质量产品生产和服务要求，推动中国制造向中国创造转变。

（三）推动湖北省现代制造业与服务业的融合发展

先进制造业和现代服务业融合发展，既是现代产业演进的客观规律，也是推进工业化进程、调整经济结构的重要举措。湖北具有较好的工业基础，是全国先进制造业基地之一。推进先进制造业和现代服务业融合发展，是湖北实现跨越式发展的现实需要和迫切要求。综上所述，湖北省是一个发展中的大省，经济结构转型道阻且长，现代制造业的发展还没有真正沿着世界制造业的发展趋势前进，而工业化进程不能缺少强大的制造业。因此需要做到有选择地引进、有重点地吸收、有目标地赶超，勇敢地参与世界经济的竞争与合作，在竞争与合作中不断增强我省制造业的国际竞争力。

（1）大力发展现代服务业。促进现代服务业与先进制造业融合，提升先进制造业的国际竞争优势。现代服务业在研发设计、中介服务、运输物流等产业链上中下游均对先进制造业产业发展存在必不可少的作用；其智力要素密集度高、产出附加值高、资源消耗少、环境污染少等特点能够为先进制造业提供产品研发、市场研究、管理咨询等服务性支持，提高先进制造业的产品质量，减少试错成本，降低环境负担；在对消费者提供服务方面，能够提供全面的解决方案，使先进制造业的产品更具竞争力和服务性，满足国际化产品要求。现代服务业与先进制造业的融合，对于先进制造业发现新商机，实现产品差异化，提高技术与创新成功率以及利润率等具有重要带动作用。

（2）努力提高制造业对服务业的拉力。制造业为生产性服务业的发展提供基础和支撑，创造需求空间。湖北应立足于现有产业优势，以制造业需求为导向加快生产性服务业发展。措施包括：第一，推进制造业企业分离，发展生产性服务业。随着制造业产业链的全球化发展，制造业企业服务外部化趋势越来越明显。湖北应积极鼓励引导企业改变"大而全"、"小而全"的组织观念，将非核心竞争业务外包，走专业化发展道路。在缺乏高效的社会服务体系的情况下，可选择的方案有：非核心业务剥离，将辅助服务活动分离出来，让渡给专业的第三方服务业；生产性服务企业自身的专业化、规模化发展；降低服务企业运行成本，发挥规模经济效应，帮助被剥离企业降低成本；发挥税收杠杆的调节和政府引导作用，对分离后的税负高于原税额的部分，由各地财政对该企业予以扶持，鼓励主辅业分离。第二，延伸制造业产业链，促进生产性服务业集聚发展。围绕湖北制造业产业集群，延伸电子信息、汽车、石化、装备制造、食品五大产业链，以调整、优化和提高为方向，以研发、创新和增值为重点，不断提高制造业的核心竞争力和产业附加值。配套发展生产性服务业，打造研发—生产—零部件配套—销售、维修、测试、物流—金融服务等一体的产业链，形成两个空间尺度的集聚格局。大尺度上，着力提升武鄂黄冶金建材生产性服务业功能带、武襄十汽车产业生产性服务业功能带、武荆宜化工纺织生产性服务业功能带，向三大产业带集聚；小尺度上，围绕重点发展的生产性服务业领域，着力打造金融、物流、信息、商务等一批特色生产性服务业集聚区，着力搭建服务业发展的"大平台"，鼓励生产性服务业集群发展。

（3）提高服务业对制造业的推力。湖北要加快建设中部乃至全国重要的先进制造业基地，离不开生产性服务业的支撑。从湖北生产性服务业发展的现实基础和制造业发展的实际需求看，应"突破性发展生产性服务业，重点发展关联性强、拉动作用大的现代物流、金融、科技信息、服务外包、现代商务等服务业，引导资源要素集聚，带动产业调整升级"。措施包括：第一，围绕"九省通衢"新优势，全力推进现代物流业发展，建成中部乃至全国重要现代物流基地。加快建设武汉

(城市圈)物流圈、鄂西物流圈和长江物流带,积极发展第三方物流,提升物流业的社会化、专业化、信息化水平,基本形成布局合理、技术先进、节能环保、便捷高效、安全有序、竞争力强的现代物流服务体系。借鉴浙江经验,利用"九省通衢"新优势,发挥武汉物流枢纽富集优势,依托长江中游航运中心、全国四大铁路枢纽之一、全国公路主枢纽之一、区域性航空枢纽、中部物流区域中心城市、全国21个物流节点城市之一的地位,打造内需市场新高地,带动湖北优势产业发展和优化升级。第二,创新金融服务,为先进制造业发展提供融资平台,建设中部地区金融机构聚集区。按照现代化、国际化和产业高端化的要求,加快建立多层次的金融市场体系;增强金融要素集聚水平,逐步构建"金融总部集聚、地方产权交易、金融后台服务、农村金融公共服务"等金融公共服务平台;积极支持湖北银行、汉口银行、长江证券、长江期货、合众人寿等本土金融机构加快发展;争取金融机构在武汉设立全国性或区域性金融后台运行与服务机构,建设全国性金融后台服务中心;引导和支持在武汉新设和迁入国际国内金融机构总部、地区总部、分支机构;推进金融产品和服务创新,积极开发针对"三农"、中小企业和科技创新的金融产品和服务,探索发展券商直投、离岸金融、信托租赁、汽车金融等新兴业务领域。第三,依托东湖国家自主创新示范区,强力推进知识密集型制造业与高技术服务业互动发展,打造中部地区重要的高技术服务业发展高地。以提升信息化应用水平为重点,在巩固发展行业应用软件、嵌入式软件、系统集成等优势产业的基础上,着力推进软件服务化与软件网络化发展,支持具有自主知识产权的软件产品产业化;将移动互联网、三网融合作为主攻方向,积极开拓电子商务、电子政务、数字电视、网络教育、网络游戏等新兴市场,大力发展基于互联网的系统集成供应商、网络增值运营商、解决方案服务商,不断提高增值服务能力,把湖北建设成为国内信息化水平最高、在国际上享有较高美誉度的软件和信息服务强省;积极搭建自主创新平台,进一步改变"重研究、轻市场化服务"的现象,推动发展"风险投资+实验室+企业+政府"的科研产业开发模式,提高产学研结合效率。第四,大力发展服务外包,提升制造业核心竞争力,打造武汉中国服务外包示范城市名片。充分利用武汉"中国服务外包示范城市"名片,抢抓世界服务外包产业转移的新机遇,坚持开放带动战略,不断加快全省服务外包产业发展步伐。一方面,积极重视在岸外包的发展,大力发展各种在岸业务流程外包,不断拓展外包业务范围,加快推进制造业企业内部非核心业务的分离外包,重点推进现代物流、金融后台服务、科技研发、劳务服务、商贸营销等外包业务;另一方面,加大离岸外包服务力度,依托湖北钢铁、汽车、船舶、石化、轻工纺织、装备制造、电子信息、物流等产业基础,高起点切入国际服务外包市场,重点发展知识流程外包和业务流程外包。第五,规范发展商务服务业,增强现代服务业活力,建立辐射中西部地区的商务服务网络。着力加快武汉王家墩商务区建设,构建与武汉"中部地区的中心城市"相适应的商务服务业发展格局;围绕中部地区"三基地一枢纽"的定位,进一步拓展咨询、信用、融资担保、会计税务、法律、贸易、会展、知识产权、人力资源等商务服务的范围;推进武汉建设辐射中西部地区的鉴证、经纪、咨询、代理、公证等中介服务集聚区和武汉国际博览中心、国际会展中心、科技会展中心等会展产业集群建设;大力发展法律咨询、会计审计、工程咨询、信用评估、认证认可、广告会展、租赁等商务服务业,积极引进国际知名中介企业,推动有实力的商务企业向综合化、规模化、国际化方向发展,努力把湖北建设成为商务服务最好、商务成本最低、商务环境最优的省份。

◎ 参考文献

[1] 张礼立. 中国制造业转型升级的焦点 [J]. 中国工业评论,2017 (10).

[2] 杨硕. 基于先进制造业的现代服务业优化探索 [J]. 智库时代,2017 (10).

[3] 刘艳. 中国现代制造业体系的构建及集聚度影响因素研究 [J]. 山

西财经大学学报, 2013, 35 (10).

[4] 张洁梅. 现代制造业与生产性服务业互动融合发展研究 [J]. 中州学刊, 2013 (6).

[5] 梁光雁, 徐明. 现代制造业服务创新的动力影响因素及其实证分析 [J]. 特区经济, 2011 (2).

[6] 梁光雁. 现代制造业企业的服务创新研究 [D]. 东华大学学位论文, 2011.

[7] 李彬, 姚凌群. 现代制造业发展与人才需求及对策研究 [J]. 高等工程教育研究, 2009 (5).

[8] 钟志华, 张桂香, 刘子建. 现代制造业跨学科人才培养模式研究与实践 [J]. 大学教育科学, 2009 (4).

[9] 李嘉慧. 面向现代制造业的中等职业学校技能型人才培养研究 [D]. 天津大学学位论文, 2008.

[10] 宋乐伟. 现代制造业与生产者服务业互动发展研究 [J]. 机械制造与自动化, 2007 (1).

[11] 李海燕. 现代制造业技术标准战略研究及武汉实证分析 [D]. 武汉理工大学学位论文, 2006.

第八章 湖北省女性就业与经济结构转型

一、问题的提出

俗话说"妇女能顶半边天",即在社会生活中,妇女和男性一样,能够在就业和经济发展中发挥一样的作用。但是在现实中,由于生理特点,以及家庭、工作的权衡取舍,部分女性回归到家庭生活当中,并没有参与就业活动。而统计口径规定家庭内部劳动不计入 GDP,也就是说家庭内部劳动对经济不存在贡献,不助力于经济增长。

劳动力是经济增长中不可或缺的资源,没有劳动力的投入就难以实现经济增长。在中国,自 1980 年以来实施计划生育政策后,中国的人口结构发生了根本性的变化,老龄人口在总人口的比重越来越高,老龄化问题比较突出。一方面老年人口在不停退出劳动力供给序列;另一方面,女性由于种种原因离开劳动岗位。因此,劳动力投入严重不足,"用工荒"也由此产生,每年很多企业和行业招收不到需要的劳动力。基于此,分析湖北省女性就业情况,认识她们在湖北省经济结构转型和升级过程中的贡献,有针对性地制定政策和措施,吸引女性人口从家庭中回归到就业行列中,提高劳动力的供给,对湖北省经济结构的调整和转型是大有裨益的。同时,实现女性劳动力的就业也是湖北省乃至中国经济结构转型和升级的一个目标和任务。

当前,有关女性就业的一些讨论中,认为女性就业难的主要观点如下:

第一,就业机会上的男性偏好。由于生理特点,女性在体能上明显不如男性,无法适应很多体力依赖型岗位。社会对女性的家庭角色的期待也大大高于其他社会角色的期待。用人单位往往以女性适合家庭而不适合事业为借口,在就业机会的安排上偏向于男性;在用工招聘的过程当中,不少用人单位明确提出要男性不要女性,"宁选武大郎,不选穆桂英";有些用人单位虽然并未将女性拒于门外,但也表示在同等前提下,男性优先;一些用人单位在岗位和数量等方面明显向男性倾斜,或者明确限制哪一些岗位可以考虑招收女性,但是招收的女性数量明显少于男性。这种用工性别偏好使得一些优秀的女性缺失就业机会,宝贵的知识和能力被荒废;由于没法在工作岗位中得到锻炼,很多本来优秀的女性也开始在能力和精神上颓废了。就业机会的倾斜性造成就业竞争的不公允性,"择优录用"成了"择男录用","优胜劣汰"成了"男胜女汰"。

第二,对女性严格的就业条件限制。不少用工单位在招收员工时,对女性的条件和要求越发严格,甚至苛刻。一些单位对女性求职者约法三章:三年内不准结婚;五年内不准生小孩;不要提出住房的要求。据不完全统计,50%的女性在求职过程当中遭遇过性别歧视,70%的女性认为当前用人单位在招聘时存在"很歧视"或"比较歧视"的现象。有的用人单位招聘时在意女性的身高相貌;对女性提高考核分数的要求;对女性的文艺特长比专业水平更感兴趣;甚至把"没有男朋友"也列为录用女性的前提。

第三,就业岗位的局限性。女性职业过于集中、层次较低是普遍存在的社会问题。中国女性的职业分布相对集中于教育、卫生、饮食服务、文秘和演艺等行业,科技含量越高、文化层次越高、职位越高的岗位,女性人才所占的比例越小。这种现象会影响到当代女性人才的全面开发,使女性的视野和发展空间受到限制,并助长某些社会偏见的形成。

第四,学历对于就业的影响。中国教育制度相对不完善,应试教育的偏向性相当严重。高校扩招在使得普通学子进入大学的概率增加的同时，也带来了整体人才水准的下降。过去的大学精英教育变成了大学普遍性教育，学士甚或硕士学位从精英人才沦为了大众人才。而对女性而言，即使来自同一院校、同一专业，本科生女性就业率比研究生要低近10个百分点，专科生要比本科生低30个以上的百分点。学历较低女专科生就业是就业问题中的难点。

尽管女性就业难是一个客观事实，但是在经济发展的大背景下，这个问题有克服的可能。而且总体上，湖北省2015年在岗女职工数达到243万余人，比2014年增加了1.6万余人，增长率为0.675%；相比于2010年，增加了66万余人，增长率高达37.3%。这表明，女性就业还有较大发展空间。

在湖北省经济结构调整和产业升级的背景下，增加女性就业，从而增加劳动力的供给，克服当前国家劳动力不足、用工荒的问题，是大有可为的。对女性劳动力就业的研究不仅是理论工作者关心的问题，也是实践部门制定政策的热点话题。

本研究将对湖北省女性就业过程的特征进行梳理，以挖掘限制女性就业的困难和障碍，并为最终制定出促进女性就业的科学合理的政策建议提供依据，促进湖北省产业结构转换和经济结构调整的顺利进行。

二、研究对象和数据说明

本研究本意是研究湖北省女性就业的人口情况，但是实际上，该统计范围被限定在湖北省城镇单位的女性人口，即本部分研究中谈及的女性就业人口都是湖北省城镇单位的女性就业人口。湖北省城镇单位相对而言是湖北省女性就业的主要途径，因此，利用这种方法来研究湖北省女性人口就业问题是可以具有借鉴作用的。

本章节未进行特别说明时，使用的数据皆来源于：2010—2015年《湖北统计年鉴》、湖北省第六次人口普查1%抽样调查数据、2015年1%抽样调查数据、历年《中国劳动统计年鉴》（中国统计出版社）。

三、湖北省女性劳动力就业特征分析

(一) 女性劳动力就业规模分析

湖北省女性劳动力就业的规模见图 8.1，可以看出：

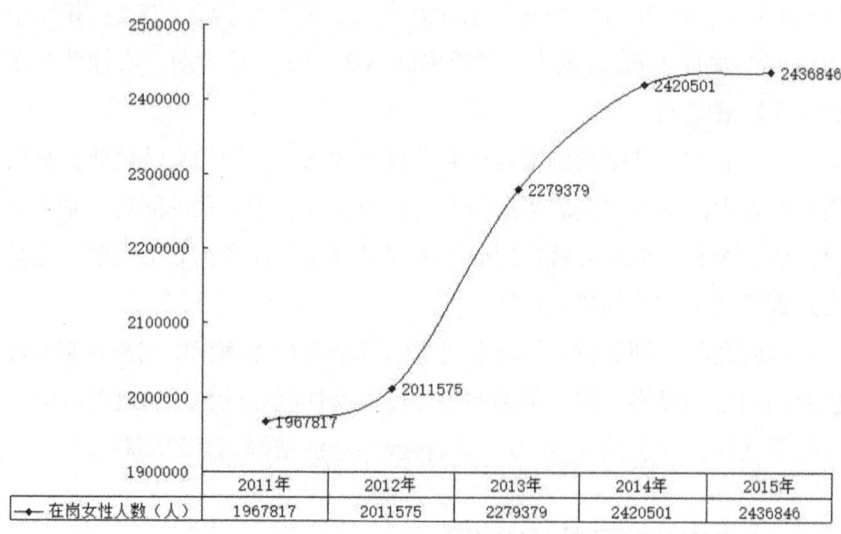

图 8.1　湖北省 2011—2015 年女性就业人口趋势

(1) 湖北省女性劳动力就业的规模目前有 243.68 万人（按 2015 年统计）。

(2) 女性就业人口数量在 2012—2014 年经历了快速发展阶段，2014—2015 年，女性就业的规模开始出现增长缓慢的局面。我们注意到，中国全面放开二胎政策的实施是 2015 年党的十八届五中全会开始的。一个有待验证的假设是：全面放开二胎政策后，部分女性开始回归家庭，因此女性就业规模增长速度开始下降。

(二) 女性就业人口行业分布

女性就业人口的行业分布情况见表 8.1。从表 8.1 中可以看出，湖北省女性人口就业具有如下特点：

表 8.1　　　　　湖北省女性就业人口行业分布　　　　单位：人

	2011 年	2012 年	2013 年	2014 年	2015 年
总计	1967817	2011575	2279379	2420501	2436846
农、林、牧、渔业	37519	41256	37791	37998	38006
采矿业	26517	27533	18782	17754	14077
制造业	622972	578077	664752	757880	733428
电力、燃气及水的生产和供应业	55992	58424	56446	50657	48384
建筑业	125546	124899	144163	159694	155863
批发和零售业	73406	152682	218090	219898	212773
交通运输、仓储和邮政业	23227	68269	97860	94374	96625
住宿和餐饮业	143882	52871	72496	64759	59746
信息传输、软件和信息技术服务业	49784	22643	35129	40665	42819
金融业	75904	79572	87905	89952	100096
房地产业	25263	30061	42605	46347	48841
租赁和商务服务业	13832	14795	29771	29467	28591
科学研究、技术服务业	30744	39876	40829	41792	42194
水利、环境和公共设施管理业	35734	37995	35765	41109	43862
居民服务、修理和其他服务业	7460	6066	7617	7651	7357
教育	274017	281646	296953	306513	312242
卫生和社会工作	179782	194901	211679	226813	243684
文化、体育和娱乐业	21196	26979	23244	23470	26036
公共管理、社会保障和社会组织	145040	173030	157502	163708	182222

(1) 在新兴行业中就业的人口数量开始增加。在女性就业人口的

行业分布中,在农、林、牧、渔业、采矿业等行业女性在岗人数大体呈现先增加后减少的趋势;电力、燃气及水的生产和供应业等行业的女性在岗人数逐年递减;与此同时,信息传输、软件和信息技术服务业、金融业、房地产业、教育、卫生和社会工作、文化、体育和娱乐业等新兴产业的女性在岗人数大体呈现增加趋势,例如教育行业中,女性就业人口数从2011年的274017人,增长到了2015年的312242人,5年时间增加了38225人,增长率为13.95%。

(2)尽管新兴行业中女性就业的增长速度很快,但是制造业仍是女性的核心就业行业。从2015年女性就业的行业分布中,在制造业中就业占比30.1%,建筑业中的比重为6.4%,批发和零售业为8.73%,教育业为12.81%,卫生和社会工作为10%,公共管理、社会保障和社会组织为7.48%。

(三)女性就业人口的年龄分布

湖北省2011年和2015年女性就业人口年龄分布情况见图8.2。从图8.2可以看出:

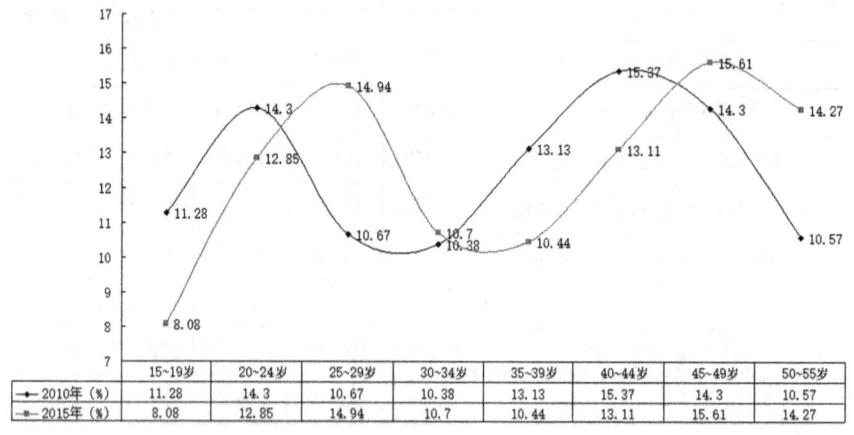

图8.2 湖北省女性就业人口年龄分布

(1) 以 2015 年为基准，湖北省女性就业基本呈现均匀分布，各个年龄中就业的人口数量在 10%~15%。但是相比而言，25~29 岁和 45~49 岁这两个区间是就业的波峰年龄段，30~39 岁是波谷区域。可能的原因是处在 30~39 岁的女性需要抚养小孩，无法参与工作。

(2) 2015 年与 2011 年的女性就业的年龄分布完整地构成了一个就业的年龄队列，2015 年的队列是 2011 年年龄队列后移 5 年之后的结果。这种状态反映了女性就业的相对稳定性。2011 年，25~29 岁阶段的女性结束生育之后，重新参与到工作岗位中，引发随后 35~49 岁就业比重的上行。

(四) 湖北省女性就业人口受教育程度分布

湖北省女性就业人口受教育程度分布见图 8.3。在图 8.3 中可以看出，当前湖北省女性就业人口的受教育程度以初中为主，占总女性就业人口的 40%；随着教育程度的增加，占比迅速下降。

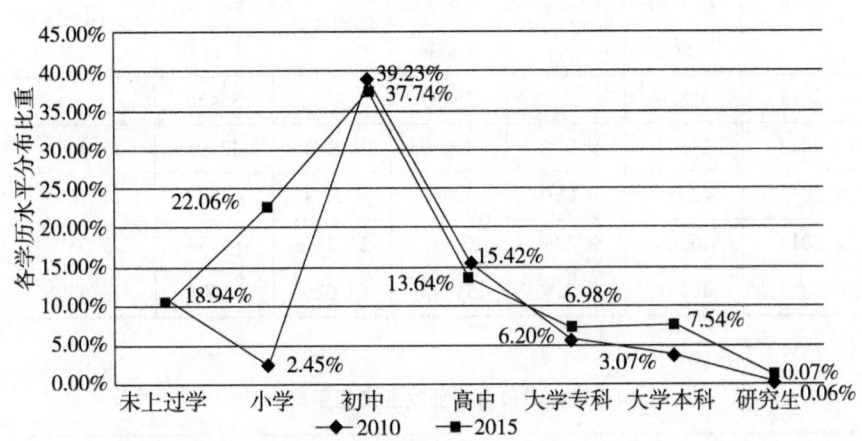

图 8.3 湖北省女性就业人口受教育程度分布

图 8.3 还有一个特点是小学教育比重的迅速上升，2010 年，小学教育程度的女性就业人口占比为 2.45%；到了 2015 年，该部分女性就业人口的比重上升到了 22.86%，5 年间增幅达到了 10 倍。这表明这 5

年间，湖北省在执行九年义务教育上下了很多工夫，使得九年义务教育阶段人口流失的问题得到了很好的解决。

（五）湖北省女性就业人口的工资水平

为了衡量女性人口的工资水平，本研究采取了研究女性就业行业占比前三位的行业平均工资水平作为参考依据。由于中国的劳动法保障了社会中男女同工同酬，因此，利用行业的平均工资水平来反映女性的工资水平是合理的。从2015年分行业女性在岗人数来看，女性就业主要分布在制造业（30.1%）、教育（12.81%）及卫生（10%）三大行业，这三大行业的工资水平状况见表8.2。为了进行比较，本研究也列举出了中国城镇单位对应行业的工资水平情况，见表8.3。

表8.2　　湖北省城镇单位分行业就业工资平均水平　　　单位：元

年份	制造业		教育行业		卫生与社会工作行业	
	年平均工资额	年增长率	年平均工资额	年增长率	年平均工资额	年增长率
2011	35824		35859		35436	
2012	39394	9.97%	39270	9.51%	42295	19.36%
2013	42959	9.05%	41068	4.58%	48539	14.76%
2014	46966	9.33%	50621	23.26%	55133	13.58%
2015	49971	6.01%	55995	10.62%	62475	13.32%

表8.3　　中国城镇单位分行业就业工资平均水平　　　单位：元

年份	制造业		教育行业		卫生与社会工作行业	
	年平均工资额	年增长率	年平均工资额	年增长率	年平均工资额	年增长率
2011	36665		43194		46206	
2012	41650	13.60%	47734	10.51%	52564	13.76%

续表

年份	制造业		教育行业		卫生与社会工作行业	
	年平均工资额	年增长率	年平均工资额	年增长率	年平均工资额	年增长率
2013	46431	11.48%	51950	8.83%	57979	10.30%
2014	51369	10.64%	56580	8.91%	63267	9.12%
2015	55324	7.15%	66592	17.70%	71624	13.21%

通过表8.2和表8.3，可以看出女性就业人口的工资有如下特点：

（1）在湖北省城镇单位中，总体而言，湖北省城镇女性劳动力的工资水平的增长速率都呈现出下降的局面。2012年，女性劳动力的平均年工资额的增长速度是9.97%；到了2015年，年平均工资的增长率只有6.01%，工资的年增长率下降了。在教育行业、卫生与社会工作行业中，也呈现了年平均工资下降的趋势。但是年平均工资的年增长率还是要比中国同期的GDP的增长速度要快，这表明，劳动者享受到了中国经济快速增长的成果。

（2）从具体行业来看，卫生与社会工作行业的平均工资水平，无论是年增长率还是绝对平均工资额都要比制造业和教育行业要大，这反映出服务业是未来就业主要趋势。

（3）从全国对比的情况来看，湖北省城镇单位女性就业人口的年平均工资水平的增长速度要比全国女性就业人口的年平均工资水平增速慢。例如在制造业中，2015年全国年平均工资的增长速度为7.15%，但是湖北省的年平均工资增长速度为6.01%。在教育行业、卫生与社会工作行业中也存在同样的趋势，即湖北省的同期增长速度都比全国的平均水平要低。这种状态说明湖北省的经济发展水平与全国相比处于相对落后状态。

四、湖北省女性就业面临的主要问题

通过对湖北省女性就业的特征分析，提出基本结论：湖北省的女性就业在规模、增长速度上都取得了长足的进步，在经济结构调整和产业升级的当口，与这种趋势相匹配，湖北省的女性在服务业中就业的趋势也在开始增强。尽管如此，湖北省女性就业还是面临诸多问题和困难，表现在：

（一）女性劳动力文化程度限制了就业机会的选择

从湖北省女性就业人口的文化程度上可以看出，湖北省40%的女性劳动力的受教育程度只有初中水平，达到大专水平的不到10%。在当前以自动化、信息化和智能化为主要特征的社会化大生产面前，这样的能力、素质是严重不匹配的。即使是大学生就业人口，学历层次的不同也引发就业机会不同，表现在：（1）重点名牌院校与普通院校的女性就业机会不同。同层次、同专业的重点院校（一本）的女性就业率一般较高，且男女就业率差异很小（在5个点以内）；非重点院校（二本）女性就业率则相对较低，且男女就业率差异较大（约在10个点）。（2）学历层次不同引发就业机会不同。在大学结业女生中，研究生、本科生、专科生之间的就业率存在明显不同。女研究生的就业率相对较高，且就业质量高，本科生次之，大专生最低。（3）公办院校与民办院校的女性就业率和就业质量也存在不同。同一专业同一层次的公办院校女性就业率高于民办院校，就业质量也好于民办院校。

（二）女性自身的特点限制了就业机会的选择

一个不容忽视的事实是，女性承担着繁殖后代的社会责任。这个过程会极大地消耗女性的时间和精力，而且周期持续几年，用人单位在考虑引入女性劳动者的时候，必须考虑到女性怀孕、生产、哺育孩子而延误工作的风险。正因如此，有些用人单位在招聘时，把生育、恋爱等作为限制性条件，在事实上形成了对女性用工的歧视。然而，作为社会再生产的主要承担者，女性又不可能不生育，众多女性选择了回归家庭。这种状态本质上是社会人力资源的浪费。

（三）女性的性格特点限制了就业机会的获取

相对于男性的理性，很多女性的性格过于感性。这种性格特点使得她们在做出决策时，存在对于工作的高期望心理，习惯于所谓的"感情办事"，缺乏深入、理性的认识。和男性相比，女性对就业比较抱负化。对单位性质的选择，女性大多倾向于国家机关和外资企业；对地区的选择，女性则更倾向于大中城市，这些期望值总体上都高于男性。这种高期望特点使得女性的实际签约状况低于自己的期望值，最终引发心理的不平衡。

（四）社会转型过程中社会角色的变化让女性无法安心工作

随着传统社会向现代社会转变，社会各个阶层的人口都在进行社会角色的调整。在传统社会中，女性扮演了一种家庭角色，主要从事家庭事务的处理，即相夫教子；男性劳动力扮演劳动力角色。这种分工使得女性在家处理家务，男性无后顾之忧，可以安心从事自己的劳动工作。但是在现代社会中，女性的独立性开始增强，角色开始转变，更多的女性走上工作的岗位，脱离家庭角色。这也引发了忽视子女成长、父母孤独等家庭问题。尤其是在农村地区，父母为了改善家庭条件或者供养孩子的起居，不得不远走他乡，来到大城市打工，导致农村"空巢老人"问题，不利于孩子身心健康。这些情况都使得女性存在两难的境况，外在因素对女性的工作带来情绪上的干扰。

（五）女性自我提升的意愿不足，能力不够

人力资本理论认为，增强新就业人员的就业能力，除了加大教育投入以外，应该加强就业训练或培训。就业培训有助于提高劳动力在就业市场的竞争力，提高劳动力的收入水平。但是从湖北省就业训练中心的

数据来看，湖北省女性参与就业训练的人口数量一直比男性的比重低。例如 2015 年，总计 382431 人参与了就业培训，但是女性只占了总人口的 48.48%（见表 8.4）。从参与绝对培训的人口数量来看，2011 年参与就业培训的女性人口为 246222 人，但是到了 2015 年，参与就业培训的女性人口数量只有 185384 人，5 年时间下降了 60838 人。

表 8.4　　　　　　湖北省就业训练中心基本情况　　　　　单位：人

年份	参与人数	女性	女性占比
2011	513944	246222	47.91%
2012	458577	227383	49.58%
2013	462022	223758	48.43%
2014	417297	202136	48.44%
2015	382431	185384	48.48%

（六）存在各种歧视性政策

社会中长期存在的封建观念，让不少人觉得女性应当留在家庭中。因此各种歧视性政策无处不在。产假、保险、工作是企业实实在在的硬成本。一孩政策下，女性员工休产假带来的损失对于企业是可预期的，毕竟绝大多数女性职业生涯中只休一次产假，休完了就可以安心工作。但两孩政策放开后，短短几年内企业可能要承受女性员工休两次产假，一些中小企业恐怕难以负担用人成本。对于女员工，公司既要给产假，又要交各种保险，还要找人顶替她们的工作，这对公司来说都是实实在在的硬成本。基于这种状态，很多公司就出台了一系列歧视性政策，破坏了公平性原则，包括：（1）女性劳动力是否拥有与男性劳动力同等的就业机会，即是否"同民同工"；（2）女性劳动力是否获得与自己能力一致的工资报酬，即是否"同工同酬"。这些歧视性政策摊销了企业雇用女性劳动力的风险，但是无益于女性劳动者提供劳动。

五、结论与建议

（一）湖北省女性就业人口面临的机遇

女性人口实现就业，获得劳动报酬和价值，是女性人格独立的基础，只有经济的独立才能带来精神的自立。通过与工作结合，女性人口可以思考问题，锻炼处理事情的能力，精神和思想得到提升。因此，实现就业是女性人口成长过程必不可少的环节，尽管在中国，女性人口就业中存在种种障碍，但是总体上看，还是面临着许多机遇。这种机遇在于：

（1）中国是世界上发展较快的经济体，为女性人口就业提供了许多的机会。

在中国持续的经济发展过程中，进一步推进经济结构转型升级，是发挥经济潜力的最大亮点。一方面，新一轮科技革命和全球制造业变革的大趋势推动生产性服务业发展。在全球新一轮的科技革命背景下，未来的5~10年，全球制造业正处在由生产型向服务型转型升级的重要时期。目前，全球500强企业所涉及的51个行业中，有28个属于服务业，56%的企业在从事服务业。当前中国产业变革和新一轮的全球科技革命交汇，将有效促进制造业由生产型向服务型转型升级，为推动现代服务业，尤其是生产性服务业发展创造了重要的外部条件。另一方面，居民消费结构的变化推动了生活性服务业发展。居民消费结构的变化是一个国家产业结构变革的重要内生动力。当前，教育、医疗、健康、旅游等服务型消费需求将全面快速增长，成为产业结构变革和现代服务业发展的重要推动力。

随着国家大力推进城镇化进程，劳动力的就业问题不再是一个单一的问题单元，而是综合因素的作用结果。中国城镇化仍处在快速发展的阶段，2014年，中国规模城镇化率达到54.7%，2015年提高到56.1%。从总体上看，城镇化水平还远远落后于工业化进程。从实践看，工业化后期，常住人口城镇化率一般应达到65%左右。目前，中国常住人口城镇化率刚刚超过55%，仍有10个百分点的发展空间。此外，中国中小城镇化发展比较落后，新型城镇化的区域布局也不合理，城镇化在中西部的发展空间巨大。

（2）政府高度关注女性人口的发展问题。

总体而言，虽然中国女性劳动参与率不断下降，但仍高于世界平均水平。近期研究发现，"全面二孩"政策可能会对女性就业产生负面影响。在劳动力市场竞争激烈、生育成本单位化的情况下，"全面二孩"政策将使生育对妇女劳动参与职业发展的影响更为显性。有些用人单位为避免孕产期用工成本增加，在招聘时"限男性"或"男性优先"；有些单位甚至不愿意招聘已婚已育、可能生育两孩的求职妇女；有些单位在妇女怀孕、生育时，减少其职业培训和晋升机会，限制其职业发展；也有些在女性怀孕时，不是劝诱流产，就是通过各种方式迫使怀孕女性辞职。此外，对于部分因生育中断工作时间较长的妇女，职业培训需求得不到满足，返回劳动力市场时难以再就业。

同时，城乡差异、户籍差异和学历差异的扩大，使得就业女性内部呈现"两极化"倾向：一方面，以知识女性、女企业家、女领导干部等高素质女性群体为代表的知识女性在各行各业的发展过程中发挥着重要的作用；另一方面，越来越多的女性集中在技术含量较低、收入水平较低的服务行业和劳动密集型行业中，很多行业出现了较为严重的性别隔离问题。在促进性别平等的进程中，中国女性就业既面临着新的机遇，也面临着诸多的挑战与问题。

（二）促进女性人口就业的对策和措施

在这样的背景下，女性劳动力就业是一个亟待解决的难题。在此提出几点政策建议：

（1）从国家法律层面，完善法律体系，出台《反就业歧视法》，从法律的视角解决女性就业难的问题。然而，出台《反就业歧视法》的想法在现阶段的中国可能无法很快实现，即使出台了相关政策，也很难立刻取得较好的成效。企业必须认真贯彻我国《劳动法》和《劳动合同法》，切实保障女性劳动者的合法权益，努力实现对男女劳动者在就业、晋升和工资待遇上的公平对待。

（2）完善就业服务体系，加快建设就业培训的市场，为女性提供更多平等参与机会。为了促进就业培训市场的发展，提升劳动力对培训的有效需求，需要加大培训资金的投入力度，发挥市场机制的作用，使资金能够得到有效的利用；加大宣传力度，提供培训信息与培训渠道；调动用人单位提供培训的积极性，加强对进城务工人员培训工作的督促和服务；正确引导营利性培训机构的发展。

（3）加强国有企业社会责任感，营造男女平等就业的环境。应鼓励企业创造任人唯贤的企业文化和用人机制，根据职业特点和能力要求招募人才，淡化性别偏好；政府应打破传统观念和体制机制的束缚，鼓励女性进入国有企业的重要岗位，发挥女性管理人才在公司经营方面的积极作用。

（4）提高社会服务水平，助推更多女性走向职场。政府应加强公共托幼服务的建设与监督，鼓励有条件的用人单位提供灵活的工作时间，创造远程办公条件，在可能的条件下推行弹性工作制，以化解职业女性"生"与"升"的纠结，提升"全面二孩"政策的效果。

（5）重视女性教育，提高人力资本质量，减少性别歧视的引起的工资差异。政府要保障女性受教育的权利，使女性不仅能够通过较优的个体特征，也能够通过在教育上的逆歧视来缩小性别工资差异。

（6）实施反歧视政策，提升劳动力市场的公平性。当前的反歧视政策主要是两类，分别是同工同酬政策和保障就业平等政策。中国劳动力市场仍存在就业、工资和晋升等方面的性别不平等，而且在很大程度上要归因于性别歧视，制定积极的反歧视政策，消除劳动力市场性别不平等是非常必要的。从实践上看，要求同工同酬和保障就业平等可能是首选的两种政策，但是二者都不是帕累托改进的政策，其负面影响需要正确认识和细致评估。为保证女性工人权益，这两种政策必须同时到位。

（7）优化经济结构，提高人力资本。在发展市场经济，进一步优化经济结构的背景下，加强教育投入，提高人力资本，是增强女性劳动力就业能力的必经之路。进入"十三五"时期以来，中国加快了经济转型升级，变化经济结构和制度创新，主要表现在：一是产业结构由工业主导向服务业主导转型；二是城镇化结构正由以规模城镇化向人口城镇化转型；三是消费结构正由以物质型消费为主向以服务型消费为主转型。我国正大力发展第三产业服务业，转变经济发展模式，由劳动密集型向资本、技术密集型转变，推进高新技术产业的发展。在这种背景下，女性劳动者必须通过接受教育，不断提高人力资本，增强就业能力，才能在一定程度上减少性别歧视，同时发挥自己的作用。

◎ 参考文献

[1] 孙磊，张航空. 影响中国女性劳动参与状况因素研究——基于微观数据的分析 [J]. 兰州学刊，2010（5）.

[2] 孙乐. 正视城镇在业妇女家务劳动价值 [J]. 人口与经济，2009（S1）.

[3] 杜凤莲. 家庭结构、儿童看护与女性劳动参与：来自中国非农村的证据 [J]. 世界经济文汇，2008（2）.

[4] 唐鑛，陈士芳. 中国城镇已婚女性劳动供给影响因素实证研究 [J]. 经济问题探索，2007（2）.

[5] 王海燕，杨方廷，刘鲁. 标准化系数与偏相关系数的比较与应用 [J]. 数量经济技术经济研究，2006（9）.

[6] 吴瑞君. 农村已婚女性农转非就业状况及其模式探讨——浙江省余姚市云楼乡调查分析 [J]. 中国人口科学，1990（4）.

[7] 王美艳. 中国城市劳动力市场上的性别工资差异 [J]. 经济研究，2005（12）.

[8] 谢嗣胜，姚先国. 中国城市就业人员性别工资歧视的估计 [J]. 妇女研究论丛，2005（6）.

[9] 杜凤莲,王晶.中国城镇人口失业与性别的收入差异[J].市场与人口分析,2005(4).

[10] 阚凯.劳动力市场性别歧视的经济学分析[J].贵州财经学院学报,2005(3).

[11] 赵友宝.女性就业歧视的经济学分析[J].山东科技大学学报(社会科学版),2005(1).

[12] 罗双发.中国劳动力市场性别歧视现状分析[J].社科纵横,2004(5).

[13] 张抗私.劳动力市场性别歧视行为分析[J].财经问题研究,2004(4).

[14] 张海燕.中国女性就业现状与解决对策[J].边疆经济与文化,2006(9).

[15] 石红梅.中国女性就业与家务时间配置的影响因素分析[J].中共福建省委党校学报,2006(6).

[16] 薄金花.对经济转轨中中国城市妇女阶层就业的认识[J].中共山西省委党校省直分校学报,2003(S1).

[17] 朱嘉蔚,李南鸿.女性就业问题的经济学思考[J].经济师,2003(12).

[18] 曾湘泉.世界就业趋势及各国就业政策[J].求是,2003(18).

[19] 刘莉,李慧英.公共政策决策与社会性别意识[J].山西师范大学学报(社会科学版),2003(3).

[20] 王小波.影响中国女性就业参与的因素分析[J].社会,2004(3).

第九章 湖北省大学生就业与经济结构转型

一、问题的提出

中国的经济增长速度由高速向中高速转变，出现了放缓的状态，从过去动辄7%以上的增长速度，放缓到6.5%附近，2017年中国经济的增长速度为6.8%。在中国经济增长速度出现下降的同时，中国经济增长的质量出现了可喜的变化。中国经济的发展方式开始由规模速度型粗放增长向质量效率型集约增长转变，表现为在产业结构上出现了由中低端产业向中高端产业转换的趋势；在宏观产业上出现了由"中国制造"向"中国创造"转变的趋势。华为、小米、比亚迪、中国中车等一系列公司的智慧产品开始走出国门，走向世界。

"中国创造"的形成，与中国劳动者素质的不断提高有着密不可分的关系。根据人力资源和社会保障部统计数据，从2007年到2017年的十年间，中国共有7371万毕业生走出高校，毕业生数量以将近5%的年增长率持续攀升。2017年，中国全国高校毕业生达795万人，比上年度增加30万人。大量高素质的就业人口参与就业市场，对于中国制造业质量提升的贡献是巨大的。但是每年大量的高校就业人口加入到劳动力供给的行列，也使得中国大学生的就业面临着许多困难和问题。

湖北省作为中国高校集中的城市，直接带来湖北省每年大学生就业人口规模庞大的问题。2016年湖北省高校毕业生427137名，较2015

年增加5598名。尽管大学生的素质与社会发展的方向一致，但是短期内规模庞大的就业人口立即涌入就业市场，还是使得就业市场上出现大学生就业形势严峻的局面。在中国高校毕业生数量逐年增加，同时中国经济结构转型，经济增长速度下降的背景下，大学生就业难成为当前的一个热点问题。如何解决大学生就业难的问题成为社会关注的一个焦点。

而本研究也将从湖北省大学生就业的特点出发，对湖北省大学生就业难的问题进行一些探索和挖掘，以期揭示出湖北省大学生就业难中的问题，分析大学生的机遇，提出促进大学生就业的对策和措施，以为湖北省经济结构转型和经济增长的宏观目标服务，为宏观政策制定者制定科学和合理的政策措施提供一些思路和启示。

二、经济结构转型与大学生就业的关系

经济结构的状态与各行各业的就业容量状态密切相关。经济结构的状态反映的是经济规模的容量。一个服务业为主体的经济体，它对就业吸纳的功能是一个农业占主体的经济体所无法进行比拟的。大学生的就业情况无法克服经济结构所形成的就业规模的影响。然而大学生的就业与经济规模之间的关系并不是单方面的，即就业规模决定着大学生的就业状态，大学生的就业也深受经济结构的影响，经济结构的转型会影响大学生就业的意愿，对大学生就业的行业分布、工资水平、地域分布等各个方面带来影响。大学生就业之后，由于其活力、能动性等会造成就业结构的演变，进而升华经济结构的调整，大学生就业结构的变化成为经济结构变化的诱因。为了更好地阐述这种关系，本部分以湖北省经济结构调整和大学生就业之间的演变过程来进行详细说明。

（一）湖北省经济结构转型对大学生就业的影响

经济结构转型给大学生就业带来了机遇和挑战，解决大学生就业难题，离不开经济转型的快速实现。经济结构转型对大学生就业的影响主

要体现在所有制结构、产业结构和区域经济结构三个方面。

首先，所有制结构影响大学生就业。改革开放后，中国经济的所有制结构转型改革经历了启动阶段（1978—1992年）、调整阶段（1993—2002年）和深化阶段（2002年至今）三个历史阶段。在启动阶段，中国经济所有制改革起步于农村的联产承包责任制，随后对城镇集体经济进行了大调整，经历了"扩权让利—利改税—承包经营责任制"的过程。这个阶段国有经济结构出现了调整，非公有制经济从无到有。家庭联产承包责任被载入宪法，对城镇集体企业实行股份合作制改革，揭开了产权改革的序幕。改革国有企业，建立了现代企业制度。非公有制经济逐渐壮大。随后逐步加深农村经济、医疗、教育等领域各项配套措施相应进行改革，集体所有制企业改革逐步完善。当前，在所有制改革进入深化阶段，经济结构的转型加快了企业所有制结构的调整。

在上述背景下，湖北省的所有制结构也在进行调整。湖北省不断深化国有企业改革，促进民营企业的发展，建立市场化导向的选人用人机制，实施有效的激励约束。"十二五"时期，湖北省民营经济增加值占生产总值比重由"十一五"期末的48%提高到54.9%，民营企业的发展为大学生提供了更多的就业机会。2016年湖北省毕业生就业的企业去向中，国企和三资企业去向的占比分别为11.15%和4.06%，其他企业去向的占比为84.79%。由此可见，所有制结构转型对大学生就业产生了重要的影响，湖北省大学生就业分布已经转向以非公有制企业为主、公有制企业为辅的局面。

其次，产业结构影响大学生就业。配第-克拉克定理指出，随着经济发展和人均国民收入水平的提高，劳动力首先由第一产业向第二产业转移，然后再向第三产业转移。合理的就业结构是整个经济发展和就业增长的关键，而就业结构是否合理、能否得到有效转换，首先取决于产业结构的调整以及该经济环境是否允许劳动力在产业和地区间的自由流动。产业结构联动大学生就业需求的支点，产业结构优化重构将就业结构从劳动密集型产业、资本密集型产业、技术密集型产业转变到知识密集型产业的一系列过程。基于现代技术的知识密集型产业为新型产业结构，对构成和调整需求更甚。第三产业的发展带来了更多的人才需求，为大学生就业提供了更多的可能性。

湖北省经济结构转型，GDP总量不断增长，产业结构不断优化，三次产业结构由2010年的13.5∶48.6∶37.9调整为2015年的11.2∶45.7∶43.1。先进制造业、高新技术产业、现代服务业发展提速提质，高新技术产业增加值超过5000亿元，占生产总值比重达到17%，较"十一五"期末提高6.2个百分点。随着产业结构转型，大学生就业去向以"制造行业"为主，出现了向第三产业转移的趋势。

值得关注的是，产业结构升级不仅为大学生带来了更多的就业需求，也造成大学生结构性失业，产生就业排挤效应。结构性失业意味着劳动力市场需求和劳动者持有技能出现矛盾，缺少相匹配的岗位所形成的那类失业。尽管所存在空缺岗位的数量甚至多于失业人数，求职者也无法凭自身持有的技能从事相应空岗之职，或者自身能力难以胜任需求岗位的对应劳动。当前产业结构和就业结构尚处于转型时期，在此产业链环境大学生就业压力仍然很大，因而地区劳动力产生就业排挤效应，从结构中释放掉原有的低素质的富余劳动力。中小型企业以及民营企业已大量遭遇"招不来，聘不起，留不住"的尴尬局面，成为阻碍产业结构提速升级的关键性难题。

最后，区域经济结构影响大学生就业。自20世纪末国家提出"西部大开发"战略以来，中国逐渐形成了东部率先、西部开发、中部崛起和东北振兴"四大经济板块"，以及泛长三角、环潮海、泛珠三角等"八大经济圈"。受历史基础、政策环境、区位因素、人口因素等多方面原因的影响，中国的四大经济板块和八大经济圈逐渐差异化，造成中国区域经济结构不平衡，区域差距不断扩大，尤其是西部地区与东部地区的差距更加明显。从大学生就业来看，东部沿海地区的经济发展速度快于中西部地区，对大学生择业的地域选择吸引力更大。湖北省位于中部地区，在"中部崛起"、"长江经济带建设"的背景下，湖北作为战略支点，迎来了新机遇，站在了"风口"，因此当前要抓住机遇，吸引更多的毕业生留在湖北省。

（二）湖北省大学生就业对经济结构的影响

大学生就业对经济结构转型起着积极的推动作用，主要表现在大学生参与经济建设、扩大内需、提高核心竞争力等方面。

大学生作为社会新技术、新思想的前沿群体、国家培养的高级专业人才，代表着最先进的生产力。在经济结构转型的当下，正需要接受过先进教育的大学生为经济建设注入新鲜的血液。湖北省作为中部地区崛起重要战略支点，要落实中央关于中部地区有序承接产业转移、建设一批战略性新兴产业和高技术产业基地，发挥其在实施中部崛起战略和推进长江经济带建设中的示范作用，需要不断的引入人才。大学生是社会劳动力中的特殊群体，是掌握了先进科学技术的、最具创新活力的人力，一旦他们投入经济活动之中，所带来的经济效益是社会普通劳动力无法比拟的。高素质劳动力是现代经济社会发展过程中不可缺少的重要力量，没有高素质的劳动力，就没有经济效率的提高，也没有经济发展质的飞跃。

大学生就业可以提升经济建设队伍的素质。根据马歇尔的西方经济学理论，生产的四要素包括土地、资本、劳动和企业家才能。劳动者的素质是决定生产活动效率的重要因素，高素质劳动力是现代经济社会发展过程中不可缺少的重要力量，没有高素质的劳动力，就没有经济效率的提高，也没有经济发展质的飞跃。中国经济建设的成就离不开千千万万劳动者的付出和努力，更离不开高素质人才的技术力量和创新。

大学生就业可以提升企业竞争力。经济结构转型，需要人才建设队伍的壮大，大学生就业提高了劳动者的整体素质，对于企业竞争力的提升有重要的意义。从企业角度看，大学毕业生加入企业生产活动、企业管理活动，为企业的发展建言献策，在这一过程中，能够更加容易地发现企业发展中存在的问题，从而解决问题；能够带动其他工作者生产的积极性，以更加睿智的态度对待企业的生产管理。企业的生产管理活动更加规范化，企业的竞争力也会更强。

大学生就业推动经济结构转型，促进第三产业更好更快地发展。第三产业是国民经济的重要组成部分。在三次产业中，第三产业占比如何是衡量一个国家发展水平和发达程度的重要标志。随着中国经济结构的调整升级，加快发展第三产业，既是实现经济平稳较快发展的需要，也是转变经济发展方式的必然。第三产业是吸收大学毕业生就业的主体，具有较强岗位再生能力和劳动力承载能力、劳动力需求量较大的特点，在湖北的大学生就业的行业分布中，软件信息业、服务业等第三产业的大学生就业比例不断提升，大学生进入第三产业就业，促进了第三产业的发展，为提升第三产业在经济发展中的比重作出了重要的贡献。

三、湖北省大学生就业的特征分析

湖北省大学生就业的数据在没有特别说明的情况下，主要来源于《2016年湖北省普通高校毕业生就业情况报告》。通过对该报告中主要数据的分析，湖北省大学生就业的特征主要体现在以下几个方面：

（一）毕业生生源情况

1. 总体规模

2016年湖北省高校毕业生总人数427137人，其中毕业研究生33490人，占总毕业生人数的比重为7.84%（博士毕业生2907人，占0.68%；硕士毕业生30583人，占7.16%），本科毕业生216252人，占比为50.63%，高职高专（以下简称专科）毕业生177395人，占比为41.53%。各水平毕业生人数占比情况如图9.1所示。毕业生总人数较2015年增长5598人，其中毕业研究生增加140人，增幅0.42%（博士毕业生增加45人，增幅为1.57%；硕士毕业生增加95人，增幅0.31%）；本科毕业生增加6580人，增幅3.14%；专科毕业生减少1122人，减幅为0.63%。

2. 性别情况

湖北省高校毕业生的性别比分布如表9.1所示。2016年湖北高校毕业生中，男生217011人，女生210126人，男女比例为1∶0.97，男

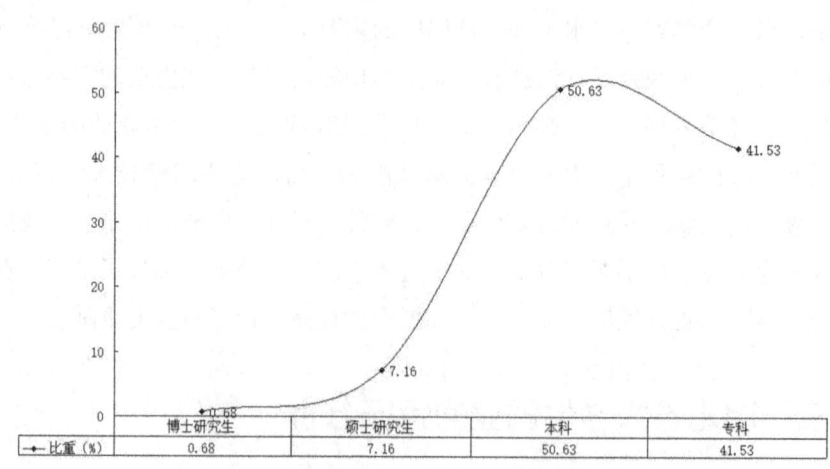

图9.1　2016年湖北省高校各学历层次毕业生规模与结构

女毕业生人数略高于女性，性别比例基本平衡。但是在分类别上，博士生男女毕业生比例为1∶0.60，男性毕业生的数量远远大于女性毕业生的数量。硕士生、本科生和专科生的毕业生性别比基本呈现平衡的状态。

表9.1　　　　　2016年湖北省高校毕业生性别比分布　　　　单位：人

学历	总体	男生	女生	男女生比例
合计	421539	217011	210126	1∶0.97
博士生	2862	1816	1091	1∶0.60
硕士生	30488	15243	15340	1∶1.01
本科生	209672	107576	108676	1∶1.01
专科生	178517	92376	85019	1∶0.92

（二）毕业生就业情况

本部分中，我们采取了就业率指标来衡量毕业生的就业情况。所谓就业率就是用参与就业的人口数量除以所处的类别的总量情况。比如男性就业率是用男性中参与就业的人口数量除以男性的总人口数量。大专生的就业率是用参与大专生的人口数量除以大专生的总人口数量所得。其他对应指标都是在上述计算公式之下计算获得，不再赘言。

1. 总体就业率情况

湖北省总就业率的状态见图9.2。从总体就业率看，湖北省大学毕业生的就业率水平较高，2016年整体就业率为92.09%，2015年的整体就业率水平为92.22%，两年的整体就业率水平相差不大。从各学历层次看，2016年专科毕业生的就业率水平最高，其次是本科毕业生，毕业研究生的就业率水平最低。2015年本科毕业生的就业率水平高于专科毕业生，毕业研究生的就业率水平和本、专科毕业生的就业率水平相差较大。本科毕业生是毕业生中的主力军，本科毕业生的就业率对总体就业率的影响尤为关键。

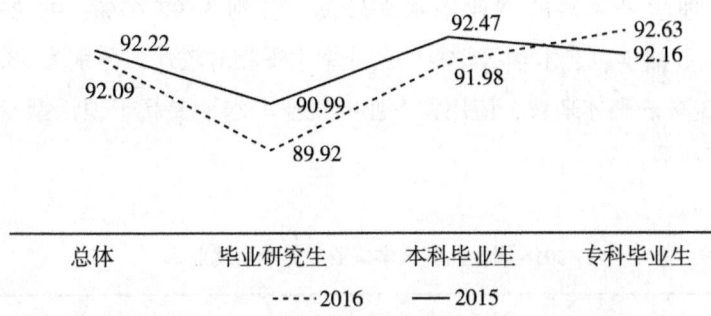

图9.2 2015—2016届湖北省高校毕业生总体和各学历层次就业率（%）

2. 分性别就业率情况

表9.2是湖北省2016年大学生分性别就业状态。从表9.2中可以看出，总体来看，男性和女性就业率水平相差不大，但是女性就业率水平高于男性就业率水平，且高于总体就业率水平，男性就业率水平低于总体就业率。可见尽管当前女性就业面临着许多显性和隐性的歧视问

题,但是女性大学生就业率水平并没有因此而有大幅下降,女性大学生凭借自己的知识水平和职业技能水平,赢得了职场的生存空间,相比于受教育水平低的女性人群,女性大学生更容易摆脱性别障碍。

表9.2   2016届湖北省大学生分性别就业率

学历	总体(%)	男生(%)	女生(%)
合计	92.09	91.93	92.25
博士生	86.55	86.73	86.25
硕士生	90.24	93.87	86.64
本科生	91.98	91.65	92.31
专科生	92.63	92.05	93.27

3. 分学科就业率

大学生分学科就业情况见表9.3。从表9.3中可以看出,工学、农学、管理学等学科的就业率水平较高,分别为93.67%、93.23%和92.29%,法学、艺术学等学科的就业率水平相对较低,分别为83.77%和85.38%。整体来看,应用型专业的就业率水平要高于理论型专业的就业率水平。

表9.3   2016届湖北省大学毕业生分学科就业率

学科	2015年就业率(%)	2016年就业率(%)
哲学	90.60	92.11
经济学	91.74	91.14
法学	87.40	83.77
教育学	91.32	91.36
文学	90.85	91.70
历史学	87.85	90.03

续表

学科	2015年就业率（%）	2016年就业率（%）
理学	93.06	91.11
工学	94.20	93.67
农学	94.69	93.23
医学	91.71	89.37
管理学	92.16	92.29
艺术学	88.64	85.38
合计	92.47	91.98

（三）就业流向

为了进一步分析大学生就业和经济结构转型之间的关系，本研究对湖北省大学生就业流向的地域分布、行业分布、岗位分布以及自主创业情况进行深入分析。

1. 就业地域分布

湖北省依托自身庞大的大学毕业生生源规模和良好的区位发展水平，辅之以政策优惠，吸引了众多大学毕业生留在湖北就业。湖北省大学毕业生就业的地域分布见图9.3。从图9.3中可以看出，2016届湖北省大学毕业生的就业区域主要选择了中部地区，占总就业人口的65.19%，其次为东部地区，比例为29.43%，西部地区地区较少，比例为5.38%。尽管东部存在经济发达等区位劣势，但是中部地区还是利用各种政策措施，吸引了不少大学毕业生选择在中部省份就业。

2. 就业省份分布

湖北省大学生就业的省份分布情况见表9.4。从省份选择看，湖北大学生主要还是在湖北省省内就业，比例达到了60.21%。湖北省共有129所高校，既是毕业生的主要生源地，也是毕业生的主要就业地。湖北省在实施了"我选湖北"计划、武汉市启动的"百万大学生留汉创

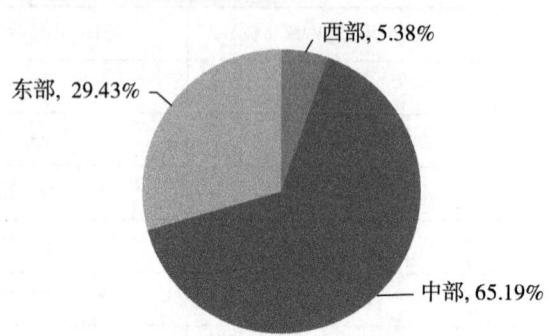

图 9.3　2016 届湖北省大学毕业生就业地域分布

业就业计划"之后,吸引了大量大学生在省内就业。这些措施对于湖北留住人才,为经济社会发展注入新的活力具有重要的意义。除湖北省外,湖北大学毕业生就业地区集中的是广东、浙江、上海、江苏、北京等东部地区的省份,比例分别为 12.21%、4.46%、4.00%、2.70% 和 2.44%,其次是中部地区的河南、湖南、安徽、江西等省,比例分别为 1.22%、1.10%、0.97% 和 1.12%,西部地区较集中的是四川、广西等省份,比例分别为 0.80% 和 0.63%。总体来看,除了省内大量吸收了大学生之外,还是有大量毕业生到东部地区寻找发展机遇,而西部地区就业的人口数量和比重都不大。

表 9.4　　2016 届湖北省大学毕业生就业地域分布

地区		比例	合计
中部	湖北	60.21%	65.19%
	河南	1.22%	
	湖南	1.10%	
	安徽	0.97%	
	江西	1.12%	
	中部其他省	0.57%	

续表

地区		比例	合计
东部	广东	12.21%	29.43%
	北京	2.44%	
	浙江	4.46%	
	上海	4.00%	
	江苏	2.70%	
	东部其他省	3.62%	
西部	四川	0.80%	5.38%
	广西	0.63%	
	西部其他省	3.95%	

(四) 就业工作的情况

1. 大学生就业行业分布

湖北省大学毕业生就业主要行业分布见表9.5。在表9.5中可以看出，湖北省大学生就业的主要行业是制造业，占就业人口数量的14.08%；其次是软件和信息服务业，占13.50%。总体来看，制造业、建筑业等行业的就业人群较多，其次是金融业等，教育、卫生和社会工作、文化、体育和娱乐业的毕业生就业比例也较高。

表9.5　**2016届湖北省大学毕业生就业的前10大行业**

行业名称	就业比例
制造业	14.08%
软件和信息服务业	13.50%
建筑业	9.72%
批发零售业	7.87%
教育	7.79%

续表

行业名称	就业比例
卫生和社会工作	6.39%
租赁和商务服务业	5.60%
金融业	5.47%
文化、体育和娱乐业	4.76%
居民服务修理业	4.11%

2. 大学生就业的岗位分布

湖北省大学毕业生就业的岗位分布见表9.6。在表9.6中，湖北的大学毕业生就业的主要岗位分布为技术类、商业服务类、金融经济类、教学类等几大岗位，和前述湖北的大学生的分学科就业率的情况相匹配，从学科来看，就业率较高的学科主要是工学、农学、管理学等学科，而从大学生就业的主要岗位看，对工程类、金融经济类、教育类和其他类的人员需求是比较多的，因此，从市场需求出发，使专业设置与岗位需求联系更加紧密，是提升大学生就业匹配度的一个关键问题。

表9.6　　2016届湖北省大学毕业生就业的前10大岗位

岗位类型	比例
其他人员	28.13%
工程技术人员	16.28%
办事人员和有关人员	10.50%
其他专业技术人员	9.33%
商业和服务业人员	7.21%
教学人员	6.45%
卫生专业技术人员	5.76%
经济业务人员	4.03%
金融业务人员	3.60%
生产和运输设备操作人员	2.37%

3. 大学生自主创业的情况

在中国"大众创业、万众创新"政策的推动下，大学生是实施创新驱动发展战略和推进大众创业、万众创新的主力军。大学生进行自主创业，既能促进社会的创新，又能解决大学生就业困境，提升大学生就业数量和质量。不少大学生也积极响应国家的号召，进行了自主创业的尝试。在湖北省，为了鼓励和扶持更多大学生在湖北创新创业，湖北省实施了"湖北省大学生创业扶持项目"，湖北的大学毕业生在自主创业方面表现得比较积极。表9.7展示了2016年湖北省大学毕业生自主创业的主要行业。自主创业最集中的行业是批发零售业，占创业总人数的比例为28.99%，其次是文化、体育和娱乐业，比例达到18.18%，信息传输和软件等IT行业的创业人数也比较多，比例达到12.98%。在住宿餐饮业、居民服务修理业、租赁和商务服务业和教育行业的创业人数也比较多。从上述数据中可以看出，湖北省大学生创业的主要行业和领域主要集中在服务业领域，即在批发零售业、文化体育娱乐业等行业中进行自己的创业活动。

表9.7　2016届湖北省大学毕业生自主创业的主要行业

行　　业	比　　例
批发零售业	28.99%
文化、体育和娱乐业	18.18%
信息传输、软件和信息技术业	12.98%
住宿餐饮业	7.92%
居民服务修理业	7.13%
租赁和商务服务业	6.44%
教育	6.21%

四、湖北省大学生就业存在的主要问题

从湖北省大学生就业的特征等一些数据来进行分析，湖北省大学生就业存在的主要问题包括：

（一）湖北省大学生就业总量压力大

自1998年国家大面积增招扩招以来，中国的高等教育逐渐从精英教育转向大众教育。统计数据显示，2016年湖北省共有普通高等学校129所，其中本科院校68所，高职高专院校61所，高等教育资源丰富，人才培养优势突出。2016年湖北省普通高校毕业生共有427137名，比上年增加5598名，增幅为1.33%。此外，湖北省近年来积极推进海外高层次人才引进项目，通过实施简化外籍人才永久居留程序等措施，全面升级人才政策，进一步加大了对湖北省大学毕业生就业的竞争度。因此，从总体上看，湖北省当前大学生就业总量压力较大。由于毕业生的学历层次不同，各类毕业生的就业率呈现出较大差异。依照教育部设定的研究模式，当就业率处于50%~90%时，认为毕业生就业有压力；处于70%~90%时，认为毕业生就业状况与社会需求基本平衡。2016年湖北省本科毕业生就业率为91.98%，专科毕业生就业率为92.63%，毕业研究生就业率为89.92%，其中博士生为86.55%，硕士生为90.24%，对比设定的条件范围可知，2016年湖北省高校的专科毕业生的就业率最高，处于供不应求的状态，相较而言，博士生的平均就业率低，就业有压力。

（二）湖北省产业结构调整与就业匹配不协调

1. 产业结构失衡导致大量人力资源的浪费

由于各产业属性不同，不同产业对大学生就业的吸纳能力也就有所不同。从发达国家的历史发展轨迹来看，传统行业发展到一定程度就会呈现衰减迹象，其吸纳就业的能力也会随之下降，通过经济效率的提高，随着产业升级和结构转型，新行业的兴起又可以实现更多的就业。

众所周知，随着农业新技术的推广，农业生产率的不断提高，传统农业本身存在着大量的剩余劳动力，其吸纳农村劳动力就业的能力在逐渐减弱；对属于资本密集型的第二产业而言，一方面其对从业者的技术、能力等要求不高，另一方面其产值的提高主要通过资本的投入和新技术的开发利用，并且其市场容量有限，进而使得其对大学毕业生的吸纳能力不高。而第三产业行业类型涵盖较广，既有传统行业，也有新型高科技行业，因而对从业者的知识文化水平和科研技术能力的兼容性较强，对劳动者的吸纳能力相对较强。就中国整体情况来看，随着经济发展方式转变、产业结构优化升级，第三产业就业人数自2012年至2016年累计增加6067万人，成为三大产业中就业增长最快和新增就业人数最多的部门。

然而针对湖北省的经济发展背景来看，2016年湖北省人均GDP为55196万元，依照国际经验，人均GDP超过3000美元之后，第三产业的比重超过60%成为主导产业，"消费主导—服务业推动"也将成为促进经济发展的新动力，然而尽管湖北省2016年的人均GDP已远超3000美元，第三产业贡献率自2010年的37.9%逐年攀升至2016年的44.7%（湖北省三次产业的贡献率分布见图9.4），发展速度较快，但是未能从根本上改变工业为主的基本特征，经济发展仍表现为"投资主导-工业推动"的模式，第一产业和第二产业的比重远远高于世界平均水平，第三产业的比重也远远低于60%以上的世界平均水平，2013年之前甚至低于40%左右的全国平均水平，即相对于工业而言，第三产业的发展相对滞后。而鉴于第三产业对于劳动力的吸收能力最强的特征，湖北省第三产业发展的滞后现状必然无法满足日益增长的大学毕业生对就业岗位的需求。

2. 就业结构滞后于产业结构的变化

由于产业结构的变化源于经济内部结构的变化，市场往往会自觉地引导产业结构进行调整，同时伴随着对人才需求的不断变化，即从业者是被动适应社会需求的，这就容易导致刚刚步入劳动力市场的大学毕业

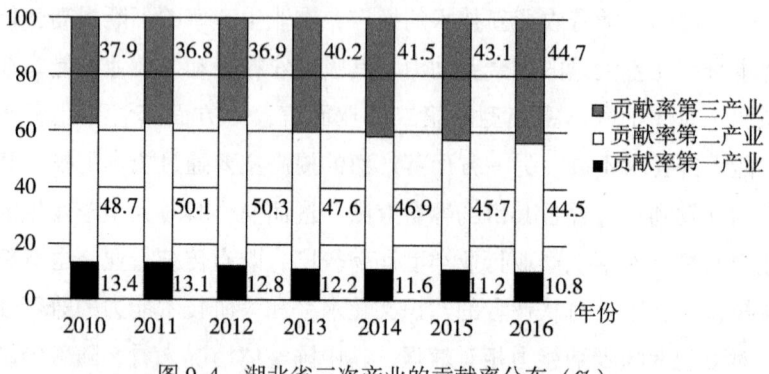

图 9.4 湖北省三次产业的贡献率分布（%）

生所持有的技术和知识储备难以随经济变动做出迅速的调整。此外，由于高等教育的改革含有较多的人为因素，学科建设和新的专业设置具有较长的周期，因此与产业结构的调整相比，具有更大的滞后性，而这一点，很可能会造成长时间内劳动力市场的结构性矛盾，不仅会产生企业用工荒的问题、致使高校毕业生就业率下降，同时也会延缓产业升级和经济发展。

（三）湖北省大学生就业地区分布不均衡

1. 区域经济发展失衡造成省内大学生分布不均匀

从湖北省内大学生就业的地区分布来看，目前湖北省高校毕业生主要就业于武汉市等市区经济相对发达的城市，这可能是因为相较于落后，发展空间较窄的县区、乡镇等地方，大企业集聚、就业就会较多、工作环境和薪资待遇更好的城市更受大学生的欢迎。因此，对于非正规行业、中小企业聚集的较小城市、县区而言，由于前去就业的大学生较少，无法形成人才密集区，长期将饱受缺乏高技术人才的困扰，并将进一步拉大行业之间和区域之间的差距。

2. 部分高素质人才流向省外

当前由于中国沿海地区的产业已由最初的劳动密集型逐渐向技术密

集型的方向发展，原本的初级制造业也开始向内陆地区转移，而这一转变对国内从业者的分布产生了较大的影响。一方面，沿海地区产业的优化升级将会吸引更多具有专业技术性的高级技能人才，另一方面，国内初级制造业的地域性变迁，使得更多知识性水平较低的劳动者在湖北省等中部地区就业。此外，由于湖北省长期以来的经济发展均以劳动密集型和资本密集型的产业为主，第三产业中知识密集型服务业的发展相对滞后，对于有意愿留在湖北省内工作的大学生来说，与高新技术产业相关的岗位缺乏，即可供选择的高端职位并不丰富。因此，国内制造业向内陆地区的地域性变迁和湖北省产业结构的失衡，共同造成了大量具备密集性知识的高校毕业生的流失。

尽管数据显示，湖北省是本省 2016 届普通高校毕业生就业最集中的省份，超过 60% 的毕业生选择留鄂就业，在鄂就业的比例较 2015 年上涨 1.25 个百分点，但根据我们以上的分析，高新技术产业相关的职位缺乏，很可能使得在本省就业的高校毕业生大多集中在劳动密集型的产业，大多掌握高技能和知识储备较丰富的人才仍在流向技术密集型产业集聚的地区，如广东省（12.21%）、浙江省（4.46%）、上海市（4.00%）等，即高等教育的人才优势对于湖北省经济社会发展的贡献率并不高。

（四）湖北省高等教育改革与大学生就业

1. 高校专业设置不合理，专业调整滞后

当前随着湖北省产业结构的优化升级和不断调整，对高校毕业生的技能和知识储备提出了新的要求，产生了新趋势和新动向。然而由于高校的僵化体制、行政性的管理方式等致使绝大多数学校无法根据市场需求和学科发展及时的调整专业设置，由此所造成的结果便是，首先，从数据中我们可以看出，2016 届湖北省普通高校毕业生就业率较低的专业排名中，汉语国际教育、法学理论、现代教育技术、遗传学的就业率分别为 63.64%、60.38%、68.54% 和 68.92% 远低于 2016 届湖北省普通高校毕业生 90.26% 的平均就业率，其中法学理论和现代教育技术为连续两年上榜专业，遗传学则为三年连续上榜专业，考虑造成以上情况的主要原因是由于湖北省高校的文史类、法律类专业扩张过快，在高校中普遍设置此类专业，趋同严重，进而造成人才同质化与社会需求的多元化的矛盾，因此当此类专业的大学生就业时往往呈现"千军万马过独木桥"的场景，即在求职过程中扎堆于文化、教育等单位，间接造成湖北省内建设一线、科研一线人才的紧缺与教育、法律等岗位供过于求共存的现状。

其次，由于科技和经济的迅速发展，使得一些传统的、低附加值的行业发展停滞，出现减员增效的局面，吸纳就业人员的能力急速下降，造成这些传统面临被淘汰专业的高校毕业生就业压力倍增。最后，由于在湖北省产业结构升级的过程中，急需一些创新实践能力较强，掌握熟练技术或专业型人才，但是高校在培养学生的过程中往往朝着学术型方向发展，即社会对人才需求的倾向没有与高校人才的培养机制达成高度的一致性，再加上高校内专业过于细分化使得学生对通用知识的掌握性较差，就业面较窄，难以在不同行业和不同领域之间流动，最终导致了湖北省高校毕业生就业结构的严重错位。

2. 职业教育发展不充分致使技术型从业人员短缺

当前中国正处于经济转型和产业结构调整的关键时期，不仅需要掌握核心技术的研发人员，更迫切需要一批掌握现代制造技术、将技术和设备转化为现实生产力的技能性人才。根据劳动和社会保障部在2006年和2007年对全国九十多个城市劳动力供求状况的调查显示，尽管总的需求人数与求职人数的比例小于1，供给大于需求，但所有高技能人才仍面临紧缺状况，其中最急缺的便是高级技工、技师和高级技师类人才。当前中国技能型人才的短缺已呈现出严峻的态势，不仅可能会制约中国工业对先进技术和设备的引进、消化与吸收，更可能会致使中国错失产业发展的良机，因此，必须积极发展现代职业教育体系以支撑中国工业化和现代化的同步发展，提高中国制造业的核心竞争力。

然而与高校的大学教育相比，中国的职业教育发展较为落后且存在着许多问题。首先，职业教育没有受到社会的充分的重视，缺少相应的扶持政策和支持措施，师资、教学设备等资源匮乏，教育资金主要流向了义务教育阶段的学校和重点高中、重点大学等，进而形成低质量产出、低层次运行的恶性循环，致使职业教育的发展停滞不前，生源也逐渐减少。其次，职业教育的专业设置不合理，没有充分与市场需求对接，调整速度严重滞后于企业需求的变化。这样既导致了一部分与夕阳产业相关专业的学生就业饱和，又造成了一部分与新兴产业相关专业的人才缺失，总之没有使教育资源得到合理配置。最后，职业教育与企业的联系与互动不紧密。一方面很多职业学校依然采取灌输式的模式培养学生，忽视了职业教育的根本意图，导致教育目的与教育结果严重错位，学生的动手能力不强，在就业时不能很好地发挥出应有的作用。另一方面，职业教育往往需要大量的实际操作训练来完成培养任务，而在这其中，企业承担着相应的实习责任。然而现实情况是，企业往往不愿意承担因接纳实习生而带来的损失与不便，更不愿意通过捐资或合作等渠道为职业院校提供资助，因此使得职业教育在劳动力市场上难以发挥应有的作用。

（五）湖北省大学生创业对解决就业效果不明显

由于高校毕业生创业往往在能力、创造性等方面优于传统的创业活动，因此，中国近年来加大对大学毕业生自主创业的扶持力度，大学毕业生的创业人数呈逐年递增的趋势。然而对比之下，湖北省高校毕业生的自主创业比率并不高，2015年自主创业的大学生人数仅为2164人，在当年大学毕业生总人数中占比约0.54%。究其原因，一方面，尽管湖北省为大学生自主创业出台了较多的优惠政策，涉及税收、金融、创业培训等方面，但由于这些政策本身较为宏观，可操作性不高，并没有形成对大学生创业扶持的完善的社会支持体系，很多保障措施也得不到及时的落实。此外政策资金对于创业者来说杯水车薪，且由于经济尚不发达，整体缺乏成熟的创业环境。因此，政府的扶持政策难以发挥效应，毕业生创业的成功率较低。另一方面，学校在课程设置上对创业教育重视不够。尽管湖北省很多高校均开设了有关创业的课程，但不少学校都将其作为思想政治教育课来对待，严重偏离了教学目的。在师资的安排上，很多老师缺乏实战经验，并不能对学生理解创业产生积极正确的引导作用。此外，在社会实践方面，很多高校并没有与企业形成紧密的对接，不能使学生深入认识企业的生产经营管理等方面。

五、基于经济结构转型背景下改善湖北省大学生就业的政策建议

在湖北省产业结构调整和升级、高等教育改革的大背景下，为了实现大学生就业与产业结构调整的协同发展，基于上述分析，本章认为应结合政府、企业、高校以及大学生个人的多方力量，努力达成湖北省产业结构升级和高校毕业生充分就业的局面。

（一）政府主导推动湖北省产业结构调整并实现区域统筹发展

政府应以转变经济发展方式为契机，加快产业结构的调整，尤其是加大对第三产业的发展步伐，从而为高校毕业生就业创造良好的大环境。当前湖北省应发展富有特色的现代农业、通过规模化经营农场、股份合作制改革等方式，促进第一产业的发展。同时也应注重第二产业的内部结构调整，在充分发挥劳动密集型的建筑业、资本密集型的石油化工业等传统产业优势的基础上，加快推行工业结构轻型化改革，着力提升新能源、新材料以及环保产业等知识密集型企业的发展，进而向价值链的高端拓展，以吸纳更多的高校毕业生就业。此外还要不失时机的加快对第三产业的发展，不仅要推动传统服务业向资本密集型的服务业转变，还应同时加快对新兴的现代物流业、互联网等计算机服务业、电子商务等新兴产业的发展。通过整合第一、第二和第三产业的融合性的发展，以期实现对湖北省大学生就业的拉动作用，并在更多技术型和知识型的岗位上充分发挥自身的能力与特长。

此外，政府还应统筹区域经济的发展以促进大学毕业生就业的合理

分布。受区位、资源禀赋等因素的影响，湖北省内各地方经济发展不平衡，进而造成人才多集聚于武汉市的现象。介于此，政府应加大对弱势地区的投资，根据各地区的实际情况建立相对应的人才激励机制，并且鼓励高素质人才在各区域之间流动，以吸引更多的大学毕业生前去就业。同时考虑到经济欠发达地区多遍布非正规行业以及中小企业，因此政府还可以通过提供税收减免、财政补贴政策优惠措施，增强中小企业的竞争能力，提升其对大学毕业生的吸纳能力，进而既解决了其缺乏创新型人才的困扰，又促进了大学生就业质量的提高。

（二）高校应调整人才培养模式

高校作为实现大学生就业的关键主体，应积极运用各种手段来减少大学毕业生的摩擦性失业和结构性失业的现象。为避免结构性失业，高校在专业设置方面，应切实结合湖北省经济社会发展和产业结构升级的状况、以市场需求为导向，对专业结构进行科学的调整，及时淘汰那些与低附加、高污染行业相匹配的专业，增设市场急需且发展前景较好的专业。但是由于教育结构不可能完全满足和变化迅速的社会需求，两者之间是动态的、相对的对应关系，因此，为了保持人才培养机制与产业结构调整的同步性，高校在进行教育改革时要具有一定的前瞻性，通过科学预测、紧密关注时事动态等方式，尽量避免专业调整滞后带来的不利影响。此外，在人才培养的过程中，既要重视大学教育，也不能忽视职业教育的发展，以期满足社会对不同层次人才的需求。针对当前职业教育落后的现状，政府应加大对职业教育的宣传力度，增强对社会舆论的引导，逐步完善职业教育高校的教师引进与培训机制，一方面通过加强与企业之间的沟通，将实习和实践活动沁入到教学中来，在教学过程中培养学生的实际操作技能和应变能力，另一方面，将更多的教师外派到企业中，参与企业的生产经营管理等过程，检验已有理论与经验的科学性与能动性，进而提高教学与科研的水平。

（三）鼓励高校毕业生创新创业，以创业带动就业

政府应鼓励大学毕业生自主创新创业，通过在转型时期汇集众多的优质劳动力，将经济发展模式从依赖自然资源和廉价劳动力的传统模式逐步向依赖人力资本的创新发展模式转变，以期实现低投入、低能耗、高效率的产业结构转型的目标。为此，我们认为，首先，政府应继续加大对大学生创新创业的政策扶持力度，通过将涉及大学生创业的税收减免、贷款与融资、知识产权保护等各项政策落地化、具体化，为大学生提供良好的创业环境，并且通过进一步简化行政审批制度，为大学生创业扫清制度方面的障碍；其次，政府应努力促成校企政三方联动，一方面让在职场创业成功的人士走进校园，通过开设讲座传授经验，帮助大学生将理论知识与实践经验相结合，提高大学生创业的成功率，另一方面则是鼓励企业投资和扶持大学生创新创业的发展，通过采取相应的措施缓解其在研发费用、研发时效等方面的困难，加快创新创意成果的实现。最后，政府应加快对创业园区、创业服务平台的建立与完善，为创业人员提供"一条龙"服务，并且加紧落实对大学生，尤其是女性创业者的社会保障。

（四）健全和完善大学生就业的社会保障体系

由于目前大学毕业生存在着一定比例的失业现象，急需政府在社会保障方面提供有力的支持。而政府作为国家的公共权力机构，应加紧完善大学毕业生的失业登记制度和失业救济制度等各项社会保障制度，并对部分失业者给予就业培训和职业指导等服务，这样既给予大学生充分的时间和精力来寻找符合自己意愿的工作，也在一定程度上维护了社会的稳定。同时政府还应切实维护大学毕业生公平就业的权利，即应通过实施有效的措施建立就业的公平机制，消除就业中存在的地域歧视、户籍歧视、性别歧视等现象，对劳动力市场进行严格规范。

此外，政府还应建立统一的管理人才的信息网络，及时更新就业与失业数据，并联合高校解决劳动市场信息不对称的问题以及探寻大学生

失业的最佳解决对策。

(五) 大学生应努力提高自身素质，增强就业竞争力

目前中国很多的高校毕业生在就业选择上还存在着比较盲目的现象，很多学生在找工作时并没有明确的求职意向和职业生涯的规划。面对当前竞争激烈的就业市场，为实现更好的就业，我们认为，首先，大学生自入校起就应该自觉树立起科学的就业观和择业观，并在学习过程中逐步加深对自身核心竞争力的认识与衡量，进而做好未来的职业规划；其次，在校期间，大学生应不断提高自身能力，在学习专业知识的同时，注重操作实践能力、综合分析能力和逻辑思维塑造的综合性培养，以适应迅速变化的产业结构升级的要求。此外，大学生还应充分利用各种机会，积极到企业进行实习，以提高自己的实际工作能力，迎合企业对员工的实际需求。最后，大学生还要积极地调整自身的心态，在求职过程中避免出现只去大城市、大企业的极端心态，既不能好高骛远、对薪资、职位过于苛求，也不能过于降低对工作的要求，应综合考虑自身人力资本价值，在权衡利弊后作出正确的决定。

◎ 参考文献

[1] 徐顽强，易桂杨．湖北省产业结构对大学生就业的影响因素分析 [J]．湖北社会科学，2015 (2)：69-73.

[2] 龙贡，张晶慧，程亚．湖北省破除大学生异地就业"关卡" [J]．中国就业，2003 (3)：46.

[3] 陈芳，鲁萌．湖北省大学生就业问题探析 [J]．学习月刊，2010 (24)：90-91.

[4] 张中华，刘继兵．经济转型、结构性约束与就业增长——基于湖北省产业结构调整和就业增长的实证分析 [J]．中南财经政法大学学报，2005 (3)：3-10.

[5] 徐顽强，易桂杨．湖北省产业结构对大学生就业的影响因素分析

[J]．湖北社会科学，2015（2）：69-73．

[6] 黄新珍．湖北省促进大学生就业的政策分析及路径选择［J］．人力资源，2010（11）：90-92．

[7] 张林．政策视角下的职业教育困境与出路［J］．河南社会科学，2012，20（5）：64-66．

[8] 徐真．产业升级、结构转型与大学生就业促进研究———基于2015年吉林省大学生就业监测的情况分析［J］．税务与经济，2016（5）：107-112．

[9] 马云泽，吴昊坤．产业结构调整、高等教育改革与大学生就业［J］．河南师范大学学报（哲学社会科学版），2011，38（2）：116-119．

[10] 王环宇，张树启，李静．经济结构转型背景下大学生就业形势分析［J］．边疆经济与文化，2012（8）：67-68．

[11] 刘宗南，魏自涛，刘金雄．湖北省大学毕业生就业现状调查分析［J］．咸宁学院学报，2010，30（10）：89-93．